KB220906

하나님은 동성애를 반대하실까?

Originally published by The Good Book Company as *Is God Anti-Gay?*
© 2015 by Sam Allberry
Translated and printed by permission of The Good Book Company
Blenheim House, 1 Blenheim Road Epsom, Surrey KT19 9AP
United Kingdom

Through the arrangement of Wen-Sheuan Sung
Korean edition copyright © 2019 by Abba Book House

하나님은 동성애를 반대하실까?

샘 올베리 지음 | 홍병룡 옮김

Is God anti-gay?

아바서원

목차

머리말 —6

1. 동성애와 하나님의 설계 —17

2. 동성애와 성경 —29

   동성 간의 파트너십은 헌신적이고 신실한 관계이면 괜찮은가? —50
   예수님은 동성애를 언급하신 적이 없는데 왜 문제가 되는가? —52

3. 동성애와 크리스천 —57

   구약의 율법을 취사선택해서 적용하는 것은 아닌가? —80
   동성 간 끌림을 느끼는 것은 죄인가? —84

4. 동성애와 교회 ―89

크리스천들은 이 문제에 대한 견해 차이를 인정할 수 없는가? ―101
성에 대한 기독교의 견해는 위험하고 해롭지 않은가? ―104

5. 동성애와 세상 ―109

크리스천은 동성 결혼식에 참석해도 될까? ―119

결론 ―123

어떤 크리스천이 동성애자라고 밝히면 나는 어떻게 해야 할까? ―127

내가 나의 성^{sexuality}(sex가 단순한 생물학적 성의 구별을 의미한다면, sexuality는 성적 욕망이나 심리, 학습된 사회적 역할 등 성적인 것 전반을 포함하는 사회문화적 용어이다—편집자 주)에 대해 제대로 이해하기 시작했던 그 무렵에 나는 예수 그리스도를 알게 되었다.

고등학교 시절이 막을 내릴 때였다. 시험이 끝나가고 있었고 공부에서 해방될 긴 여름을 고대하며 마지막 두어 달을 정신없이 보냈다. 당시 나는 두 가지 불편한 진실의 늪에 빠져 있었다. 첫째는 수업 시간에 한눈을 팔면 시험 준비가 무척 어려워진다는 것이었다. 애초에 열심히 공부하지 않은 사람은 나중에 따라잡는 것이 더 어려운 법이다.

또 다른 진실은 이보다 더 불편한 것이었다. 나는 항상 친구들과 친하게 지내는 편이었는데 지금까지와는 다른 무언가가 있다는 사실을 인지하기 시작한 것이다. 가까운 남자 친구들에게서 느끼는 끈끈한 유대감을 여자 친구들과는 느낄 수가 없었다. 긴 여름에 접어들고 마음과 시간의 여유가 생기자 그 문제가 부각되기 시작했다. '나는 게이gay인 것 같다'라는 생각이 마음에 둥실 떠올랐다.

결코 반길 만한 변화가 아니었다. 나는 다른 사람들과 같기를 바랐고, 그들이 매력을 느끼는 것에 나도 빠져들고 싶었다. 그런데 친구들처럼 여자에게 애틋한 감정이 생기지 않고 남자 친구들에게 그런 감정을 느끼는 자신을 발견하게 되었다.

내가 처음으로 크리스천들을 알게 된 시기도 그즈음이다. 당시에 크리스천이 운영하는 커피숍에서 토요일 오후마다 알바를 했는데, 거기서 내 또래의 크리스천들을 처음으로 만났다. 우리는 빠르게 친해졌고, 시험이 끝나고 다른 할 일이 없던 차에 그들의 초대로 교회 청소년 모임에 참석하게 되었다. 나는 그 친구들을 좋아했고 그들이 믿는 것에 대해 더 알고 싶어졌다. 예수님의 메시지는 내가 상상했던 것과는 무척 달랐다….

내가 들은 메시지

예수께서 공적 사역을 시작하면서 다음과 같이 선포하신 말씀은 우리를 그의 메시지의 핵심으로 데려간다.

> 요한이 잡힌 뒤에, 예수께서 갈릴리에 오셔서 하나님의 복음을 선포하셨다. "때가 찼다. 하나님의 나라가 가까이 왔다. 회개하여라. 복음을 믿어라."(마가복음 1:14-15, 새번역)

예수님은 하나님의 나라가 가까이 왔다고 말씀하셨다. 세상의 불의를 바로잡기 위한 하나님의 계획이 무엇이든지 바로 그때가 그 일을 행하시는 순간이었고 이제 막 시작되려는 시점이었다.

예수님이 요구하는 반응은 회개와 믿음이었다.

회개란 뒤돌아서는 것, 코스를 바꾸는 것을 말한다. 그 의미는 무척 명백하고 약간 불편하다. 우리가 올바른 방향으로 가고 있지 않다는 것이기 때문이다. 우리는 최근에 내가 신문에서 읽은 어떤 노인과 비슷하다. 그는 한밤중에 착각해서 1킬로미터 이상을 반대편 차선으로 역주행했다. 다행히 그 시간에 반대편에서 달려오는 차가 없었지만, 만일 통근자들이 많은 시간이었다면 얘기가 달라졌을 것이다.

예수님은 우리가 잘못된 방향으로 가고 있고, 하나님의 목적이 이뤄지는 러시아워가 오고 있다고 말씀하신다. 우리는 방향을 바꿔 하나님이 행하시는 일에 맞춰 새로 정렬할 필요가 있다. 이는 복음을 믿는 것을 뜻한다. 예수님의 죽음과 부활을 통해 우리가 하나님과 올바른 관계를 맺을 수 있다는 메시지, 하나님이 뜻하시는 대로 우리가 새로운 삶을 시작할 수 있게 된다는 메시지다.

예수님의 메시지는 모든 사람을 위한 것이다. 그분이 무대에 등장했을 때 인류를 여러 범주로 나누고 별개의 메시지를 주시지 않았다. 내향적인 사람들과 외향적인 사람들에게 서로 다른 메시지를 주지 않았고, 좌뇌형 인간(논리적 도표와 글머리 기호를 자유자재로 사용하는 파워포인트 고수형)과 우뇌형 인간(색감이 뛰어나고 음악적 감성이 풍부한 예술가형)에게도 그렇게 하지 않았다.

동성애자를 위한 하나님의 메시지는 모든 사람을 위한

메시지와 동일하다. 바로 회개하고 믿으라는 것. 이것은 하나님 안에서 풍성한 삶을 찾으라는 동일한 초대이며, 삶을 바꾸는 깊고 놀라운 사랑과 용서에 대한 동일한 제안이다.

동성 간 끌림 vs "게이"

이것이 내가 친구의 교회에서 처음 들었던 메시지였고, 이후 나는 그 메시지에 비추어 살려고 노력해왔다. 그동안 동성애 성향을 가지고 살아온 사람으로서 나는 성경적 기독교가 위로와 기쁨의 놀라운 근원임을 발견하게 됐다. 이 문제에 대한 하나님의 말씀이 때로는 혼란스럽고 어렵게 느껴질 때도 있다. 그럼에도 불구하고, 그 말씀이 참으로 좋다. 예수님의 말씀은 동성 간 끌림을 경험하는 사람들에게 복된 소식이다.

당시에 내가 "동성 간 끌림(same-sex attraction)"이라는 용어를 사용한 것은 나 자신을 설명할 방법을 찾아야 했기 때문이다. 오늘날 서구 문화에서 동성애를 느끼는 사람을 "게이"라고 지칭한다. 그런데 내 경험상 이 용어는 누군가의 성적 지향 이상의 것을 말할 때가 많다. 정체성과 더불어 생활 방식을 묘사하는 말이 되어 버렸다.

사람들이 누군가를 게이, 레즈비언lesbian 또는 양성애자 bisexual라고 부를 때, 그 말에는 동성에게 매력을 느낄 뿐만 아니라 그 성적 취향이 스스로를 바라보는 근본적인 방식 중 하나라는 뜻이 담겨있다. 그래서 나는 게이라는 용어를 사용하지 않는 편이다. 나 자신을 "동성 간 끌림을 느끼는 사람"이라고 묘사하는 것은 거칠고 세련되지 못하다. 그러나 이렇게 묘사하는 것은 내가 느끼는 성적 매력이 내 정체성의 근본 요소가 아님을 인정하는 하나의 방법이다. 그것은 내가 느끼는 감정의 일부일 뿐 근본적인 의미에서 내가 누군지를 규정하는 것은 아니다. 나는 나의 섹슈얼리티 그 이상이다.

또 다른 종류의 욕구를 예로 들어보자. 나는 고기를 대단히 좋아한다. 접시에 고기가 한 점도 없으면 제대로 된 식사가 아니라고 느낀다. 그러나 내가 고기를 좋아한다고 해서 누군가 "육식 취향"을 나를 이해하는 일차적 범주로 생각하길 바란다는 뜻은 아니다.

그것은 내 모습의 일부이긴 해도 내 정체성의 핵심은 아니다. 그래서 나 자신을 동성 간 끌림(이하 SSA)을 느끼는 사람이라고 말하는 것을 선호하는 것이다.

예수님이 나에게 행하라고 하신 일은 누구나 행해야 하는 것과 똑같다. 예수님의 또 다른 말씀을 생각해보자.

> 무리와 제자들을 불러 이르시되 "누구든지 나를 따라오려거든 자기를 부인하고 자기 십자가를 지고 나를 따를 것이니라."(마가복음 8:34)

"누구든지"는 우리 모두에게 똑같이 적용된다는 뜻이다. 나는 나 자신을 부인하고, 내 십자가를 지고 예수님을 따라야 한다. 모든 크리스천은 값비싼 희생을 치르도록 부름 받았다. 자신을 부인한다는 것은 당신의 행동을 조금씩 바꾸라는 뜻이 아니다. 그것은 그리스도를 위해 당신의 가장 깊은 정체 의식에 "아니요"라고 말하는 것이다. 십자가를 진다는 것은 (이제껏 알고 있던) 당신의 인생을 포기한다고 선언하는 것이다. 당신의 인생이 당신의 것이 아니기 때문에 그것을 내려놓는 것이다. 당신의 인생은 예수님께 속해 있다. 그분이 당신의 인생을 만드셨고, 죽음으로 값을 치르고 사셨기 때문이다.

내가 동성애 경험을 털어놓은 이후 많은 크리스천들이 "복음이 나보다 당신에게 더 어려울 것이 틀림없다"라는 식으로 말했다. 마치 내가 그들보다 포기할 것이 더 많은 것처럼 말이다. 그러나 사실상 복음은 우리 모두에게 모든 것을 요구한다. 만일 누군가 복음으로 인해 생활 방식이나 열망하는 것에 큰 변화가 없고 적당히 살아가고 있다면, 그는 예수님을 제대로 따르고 있지 않을 가능성이 많다.

우리 모두 동일한 노력을 해야 하듯 축복 또한 동일하게 주어진다. 이 문제를 붙들고 몇 년간 씨름하다보니 예수님의 이 말씀을 좋아하게 되었다.

"수고하고 무거운 짐 진 자들아 다 내게로 오라 내가 너희를 쉬게 하리라."(마태복음 11:28)

이는 놀라운 약속이다. 예수님은 우리를 내버려 두면 인생의 짐에 짓눌린다고 말씀하신다. 하나님과 엇갈린 인생은 그런 법이다. 그러나 우리가 예수께로 가면 안식을 얻는다. 게으른 주말 오후나 휴일의 늦잠과 같은 그런 안식이 아니다. 이보다 더 깊은 안식을 의미한다. 하나님과 함께할 때

찾아오는 안식이다. 우리가 진정 누군지 알고 하나님이 원하시는 방식대로 살 때 얻게 되는 안식이다. 하나님이 만드신 하나님의 백성답게 번영한다는 의미의 안식이다.

하나님은 반反동성애자이실까? 아니다.

그러나 하나님은 우리가 타고난 성품을 따라 하나님과 분리되어 자기 자신을 위해 사는 것을 반대하신다. 하나님은 그가 어떤 모습이든지 간에 바로 그런 사람을 반대하시는 것이다. 그러나 하나님은 우리보다 더 크고, 우리보다 더 낫고, 우리보다 더 능력이 많으시기에 그런 사람조차 사랑하신다. 그의 짐을 옮기시고, 그를 대신해서 십자가를 지시고, 그를 깨끗이 씻기시고, 그를 온전하게 만드시고, 그와 영원히 연합하실 만큼 그를 사랑하신다.

크리스천이 되고 SSA를 느끼는 크리스천으로 살면 온갖 의문이 생기기 마련이다. 이 책을 통해 그 의문들이 해결되기를 바란다. 내가 동성애를 경험했다고 해서 이 문제를 안고 있는 모든 사람을 대변할 수 있다는 뜻은 아니다. 수년에 걸쳐 나는 이 문제로 씨름하는 많은 사람들을 알게 되었다. 남성과 여성, 젊은이와 노인, 신앙인과 반기독교인, 아무도 모르게 나에게만 비밀로 얘기한 사람들과 공공연하게 자신이 게이임을 밝힌 사람들 등. 그들과 나눈 대화는 하나의 특권이었다. 어떤 이들은 배척받았던 고통스러운 경험을 나누었고(한 경우는 또래가 그에게 침을 뱉었다), 또 어떤 이들은 뜻밖에 용납을 받았던 경험을 얘기했다. 어떤 경우들은 내가 경험하고 느낀 것과 매우 비슷했지만, 또 어떤 경우들은 무척 달랐다. 그래서 나는 주제넘게 다른 사람들을 대변하지 않을 것이다. 내 목표는 각각의 질문들을 모으고, 성경이 무엇을 말하고 있는지 살펴보는 것이다.

흔히 제기하는 첫 질문은 "성경은 실제로 동성애에 대해 무슨 말을 하는가?"인데, 이것은 뒤에서 다룰 것이다. 그런데 내가 성경을 고찰하면 할수록, 성경이 성에 관해 말하는 바는 섹스와 결혼에 대한 성경의 관점에 비춰서 이해하는 것이 가장 적절하다는 확신이 들었다.

그래서 거기부터 이야기를 시작하려고 한다.

동성애와 하나님의 설계

1장

많은 사람들은 성경이 섹스를 부정한다고 생각한다. 마치 섹스를 우리가 하나님의 승인 없이 그분의 등 뒤에서 발견한 것처럼 여기는 것이다. 그러나 창세기는 매우 다른 이야기를 한다.

하나님은 인류를 남자와 여자로 만드셨고, 그들에게 "생육하고 번성하라"(창세기 1:28)고 명령하셨다. 섹스는 하나님의 아이디어다. 우리의 발명품이 아니라 그분의 선물이었다. 하나님이 "너희가 꼭 해야 한다면 할 수 없지"라는 식으로 마지못해 주신 것이 결코 아니다. 출산의 도구이자 진정한 즐거움을 위한 재생산의 수단으로 주셨다. 섹스는 하나님의 선하심을 잘 드러낸다.

창세기 1장과 2장은 섹스의 목적을 다르게 말한다. 그러나 두 개의 창조 이야기는 상호 보완적이다. 첫 번째 이야기(1장)는 광각 렌즈를 통해 물리적 세계와 그 안의 모든 생명의 창조를 거시적으로 묘사한다. 두 번째 이야기(2장)는 최초의 남자와 여자의 창조에 초점을 맞춘다.

창세기 1장에서 인간은 하나님의 형상으로 창조되었고, 땅과 모든 생물을 다스리는 일을 부여받았다. 이 본문에서 남자와 여자의 성적 차이sexual difference는 생식을 위한 것이다. 그들이 번성해야 온 땅을 채우고 모든 것을 다스릴 수 있기 때문이다.

반면 창세기 2장은 남자와 여자의 차이를 다른 관점으로 설명한다. 아담을 먼저 창조하신 하나님은 홀로 있는 그를 보며 "좋지 않다"라고 하셨다. 아담 혼자서는 하나님의 창조 목적을 이룰 수 없기에 최초의 여자, 하와를 만드셨다.

아담이 이름을 지어 준 다양한 동물들과 달리 하와의 형상은 아담과 완벽하게 일치했다.

아담이 이르되 "이는 내 뼈 중의 뼈요 살 중의 살이라"

이것을 남자에게서 취하였은즉 "여자"라 부르리라 하니라.(창세기 2:23)

하와는 똑같은 재료로 만들어졌다는 의미에서 아담과 같고, 남자가 아니라 여자라는 의미에서 아담과 다르다. 하와는 아담의 본성, 아담의 소명, 아담의 생명을 동일하게 부여받았다. 하와는 아담과 같은 존재이며 또 다른 한 사람이다. 이 두 사람이 육체적 연합을 통해 완전한 하나가 된다는 의미에서 상호 보완적인 관계라고 할 수 있다.

"이러므로 남자가 부모를 떠나 그의 아내와 합하여 둘이 한 몸을 이룰지로다."(창세기 2:24)

여기서 우리는 아담과 하와가 섹스를 통해 그들의 하나됨을 표현했고, 섹스는 그들을 더 깊은 연합으로 인도했음을 알 수 있다.

창세기의 저자는 이것이 아담과 하와에게 국한된 이야기가 아님을 분명히 한다. 우리가 지금 고대 가족사에 관심이 있어서 최초의 부부에 대한 이야기를 듣고 있는 것이 아니다. 그들의 이야기는 전 인류에게 해당된다. 이것이 각 세대마다 반복되는 패턴이다. 저자는 아담과 하와가 살던 시대에 머무르지 않고, 전 인류를 향해 선포한다. "이러므로 남자가 부모를 떠나 그의 아내와 합하여 둘이 한 몸을 이룰지로다…."

아담과 하와에게 일어난 일은 그 이후로 일어난 일들을 설명해준다. 두 사람의 완전한 "결합"은 이후 모든 결혼의 토대가 된다. 이것은 아담과 하와의 연합을 넘어 모든 결혼 관계의 연합에 대한 이야기인 것이다.

"남자와 여자가 '한 몸'이 된다." 흔한 사랑 노래들 덕분에 이런 표현—"둘이 하나가 된다"—진부하게 들린다. 그러나 이 말은 단지 뜨거움이 절정에 치달은 남녀가 느끼는 친밀감만을 묘사하는 게 아니다. 이것은 진짜, 실재하는 개념이다. 예수님은 하나님께서 남자와 여자를 결혼 안에서 하나 되게 만드셨다고 가르치신다(마태복음 19:6). 그들의 연합은 하나님이 직접 만드신 것이다. 하나님은 결혼을 통해 두 사람이 육체적, 심리적, 감정적 그리고 영적으로 연결되도록 설계하셨다.

이 설계는 매우 잘 작동된다. 섹스가 주는 관계의 구속력 때문에 성적 관계가 파괴되면 그토록 고통스러운 것이다. 우리는 애초에 그렇게 설계되지 않았기 때문이다. 이러한 성적 관계의 형성과 결별이 자주 반복된다면 깊고 영구적인 연합을 이룰 우리의 역량은 더욱 약해진다.

성性은 포스트잇과 비슷하다. 처음 사용할 때는 잘 달라붙는다. 그러나 너무 여러 번 재사용하면 접착력이 떨어진다. 우리는 결코 다수와 성적 관계를 맺도록 설계되지 않았다. 무분별한 섹스는 관계적 의미가 희미해지고 기능적으로만 작동하게 되며 만족감을 저하시킨다. 대다수 시트콤에서는 우발적이고 가벼운 성적 만남이 무해하고 재미있게 그려지지만 현실에서는 공허함, 깨짐, 파멸과 같은 훨씬 심각한 결과를 초래한다. 이것은 당연한 일이다. 섹스는 두 사람을 아무도 갈라놓을 수 없게 단단히 묶어놓는 도구로 설계되었기 때문이다.

창세기 1-2장은 하나님이 섹스를 긍정하시고, 섹스는 결혼을 위한 것임을 우리에게 말하고 있다.

결혼과 섹스의 조화

예수님은 창세기 1-2장에 선언된 성 윤리를 더욱 엄격하게 가르치셨다. 결혼 관계 바깥에 있는 모든 성행위를 악한 것으로 규정하신다.

또 이르시되 "사람에게서 나오는 그것이 사람을 더럽게 하느니라. 속에서 곧 사람의 마음에서 나오는 것은 악한 생각 곧 음란과 도둑질과 살인과 간음과 탐욕과 악독과 속임과 음탕과 질투와 비방과 교만과 우매함이니 이 모든 악한 것이 다 속에서 나와서 사람을 더럽게 하느니라."(마가복음 7:20-23)

여기서 "음란sexual immorality"으로 번역된 단어는 헬라어 포르네이아porneia인데, 이것은 결혼 관계 바깥에 있는 모든 성행위를 포괄하는 넓은 의미의 용어이다. 예수님은 그런 행위가 악하고 더럽다고 말씀하신다.

반면에 결혼 관계의 영속성과 배타성을 강조하신다.

바리새파 사람들이 예수께 다가와서, 그를 시험하려고 물었다.

"무엇이든지 이유만 있으면, 남편이 아내를 버려도 됩니까?" 예수께서 대답하셨다. "사람을 창조하신 분이 처음부터 그들을 남자와 여자로 지으셨다는 것과, 그리고 그가 말씀하시기를 '그러므로 남자는 아버지와 어머니를 떠나서, 자기 아내와 합하여서 둘이 한 몸이 될 것이다' 하신 것을, 너희는 아직 읽어보지 못하였느냐? 그러므로 그들은 이제 둘이 아니라 한 몸이다. 하나님이 짝지어 주신 것을 사람이 갈라놓아서는 안 된다."(마태복음 19:3-6, 새번역)

예수님은 우리가 앞서 창세기에서 살펴본 것을 강조하신다. 우리는 남자와 여자로 창조되었다. 인간은 성적인 존재인 것이다. 우리는 그냥 인간이 아니라 남자와 여자이고, 이는 "태초부터" 그랬다. 젠더gender는 사람들이 해석하고 문화적으로 표현하는 개념이지 우리가 발명하거나 완벽하게 규정지을 수 있는 것이 아니다. 하나님이 우리를 그렇게 창조하신 것이다.

이어서 예수님은 이러한 성의 차이가 결혼을 가능하게 하는 것임을 보여주신다. 우리는 남자와 여자다. "그러므로 남자는 … 떠나서…" 우리는 남자와 여자이기 때문에 결혼이라는 제도를 갖게 된 것이다. 결혼은 성에 기초를 두고 있다. 남자와 여자 간의 성적 차이가 없으면 결혼은 존재하지 않았을 것이다.

남자와 여자의 연합의 깊이를 설명해주는 것도 성적 차이다. 하와는 아담에게서 창조되었다. 그의 몸으로부터 만들어진 것이다. 그러므로 한 몸으로 연합한다는 것은 일종의 재결합, 즉 본래 하나였던 두 사람이 다시 합쳐지는 것을 의미한다.

이러한 사실은 우리로 하여금 성경이 말하는 결혼의 목적을 일부 이해하도록 도와준다.

1. 결혼은 하나님의 본성을 닮았다. 구약의 가장 유명한 신조는 신자들에게 "우리 하나님 여호와는 오직 유일한 여호와"(신명기 6:4)임을 상기시킨다. 여기에서 "유일하다^{one}"는 의미의 히브리어 '에하드'는 '하나님이 둘이나 다섯이 아니고 한 분'이라는 단순한 수학적 표현이 아니다. 이것은 하나님의 본성에 대한 주장이다. 그분은 한 분이시고, 통일체이시고, 한 편이시다. 우리는 성경에서 성부, 성자, 성령 삼위일체 하나님을 보게 된다. 서로 다른 세 위격이시나 삼위일체

하나님의 존재와 행위와 말씀은 완벽하게 하나로 통합되어 있다.

바로 이 단어가 창세기 2:24에서 결혼 관계 안에 있는 남자와 여자의 연합을 묘사하는 데 사용되었다. 그들은 한(에하드) 몸이 된다. 결혼은 삼위일체 하나님의 연합과 다양성을 반영하는 놀라운 제도이다. 삼위일체의 세 위격은 서로 동일하지만, 하나님의 하나 됨은 똑같다는 의미가 아니다. 그것은 획일성 속의 하나 됨이 아니라 다양성 속의 하나 됨이다. 남자와 여자의 연합도 마찬가지다. 그들이 연합할 때, 삼위일체 하나님과 같은 하나 됨을 이루는 것이다.

그러나 게이들의 섹스는 그렇지 않다. 두 남자 또는 두 여자는 한 몸이 될 수 없다. 그들은 하나님이 한 분 되시는 방식과 한 남자와 한 여자가 하나 되는 방식으로 하나(에하드)가 될 수 없다. 그들은 나름의 연합을 이룰 수는 있으나 이성 간의 결혼 안에서 이뤄지는 그 특유의 연합과는 다르다.

그렇다고 게이 관계에는 헌신과 신실함이 없다는 뜻은 아니다. 또한 이성 커플이라는 이유만으로 헌신과 신실함이 자동적으로 생긴다는 뜻도 아니다. 나는 서로에게 굉장히 충실하고 헌신적인 게이 커플과 결혼 생활을 버거워하거나 실패한 몇몇 이성 커플도 알고 있다. 중요한 것은 두 사람이 서로에게 느끼는 헌신의 감정이 아니라 남자와 여자가 육체적으로 하나가 될 때 하나님이 그들에게 주시는 연합의 종류이다. 바로 이 상호 보완성이 결혼의 핵심이다. 서로의 기질이나 성격 유형, 문화와 배경 등이 아무리 달라도, 두 사람을 한 몸으로 이끄는 것은 궁극적으로 남성과 여성의 결합이다.

2. 부부의 연합은 아담과 하와가 "생육하고 번성하여 땅에 충만하라"(창세기 1:28)는 하나님의 명령을 이행하도록 설계되었다. 이 연합으로부터 새로운 생명의 가능성이 흘러나온다. 자녀가 생기는 것이다. 구약의 말라기를 확인해 보자. "여호와께서는 너희를 아내와 한 몸이 되게 하시지 않았느냐? 이렇게 하신 목적이 무엇이냐? 이것은 여호와께서 경건한 자녀를 얻고자 하시기 때문이다"(말라기 2:15, 현대인의 성경). 출산이 결혼의 유일한 목적은 아니지만(자녀를 낳을 수 없는 부부의 결혼 관계도 완전하다), 결혼 관계에 뿌리를 두게끔 설계된 것은 분명하다.

3. 결혼은 하나님의 본성을 닮았을 뿐 아니라, 하나님이 그

리스도 안에서 그의 백성에게 보여주시는 은혜도 반영한다.

> "그러므로 사람이 부모를 떠나 그의 아내와 합하여 그 둘이 한
> 육체가 될지니" 이 비밀이 크도다 나는 그리스도와 교회에 대
> 하여 말하노라.(에베소서 5:31-32)

바울은 결혼을 예수님이 교회와 맺은 관계에 비유한다.
예수님과 교회 역시 서로 다르지만 상호 보완적인 두 독립
체의 연합이다. 교회는 그리스도와 동일하지 않고, 그리스
도는 교회와 동일하지 않다(교회의 불완전함을 감안하면 놀라운 비유
이다!). 또한 그리스도는 우리와 다르기 때문에 그분이 우리
를 인도하시고, 우리와 언약하시고, 우리와 연합하실 수 있
는 것이다. 우리의 결혼은 장차 천국에서 이뤄질 그리스도
와 성도의 결혼 관계를 가리키는 모형이다. 이것은 크리스
천들이 결혼 제도에 게이 커플을 포함시키는 것을 반대하는
가장 중요한 이유다. 남자와 남자, 또는 여자와 여자는 그리
스도와 교회의 연합을 예표할 수 없다. 그것은 마치 그리스
도와 그리스도의 연합, 교회와 교회의 연합과 같은 것이다.

섹스와 결혼에 대한 성경의 가르침은 크리스천들이 오늘날 섹슈얼리티와 관련된 모든 문제를 고민할 때 사고의 토대가 되어야 한다. 예수님에 의해 그 의미가 강화되고 확장된 창세기의 가르침은 첫째, 섹스는 하나님께서 오직 결혼 관계 안에서 사용하도록 주신 좋은 선물이라는 것과 둘째, 결혼을 통해 하나님이 정하신 목적을 성취하려면 반드시 한 남자와 한 여자가 부부 관계를 맺어야 한다는 것이다.

'그러면 도대체 동성애는 어떻게 생각해야 하는가?'라는 시급한 질문이 뒤따른다.

동성애와 성경

|

2장

놀라울 정도로 성경에는 직접적으로 동성애를 언급하는 구절이 몇 개 없다. 동성애는 확실히 자주 등장하는 이슈가 아니다. 하지만 성경이 동성애를 언급할 때는 굉장히 중요하고 단호한 메시지를 전하기 때문에 분량이 적다고 중요하지 않게 여기면 안 된다. 성경에 창조 세계를 돌보는 방법에 대한 직접적인 언급이 별로 없다고 해서 우리가 그 의무로부터 자유롭다고 말할 수 없는 것처럼 말이다.

다만 우리는 이를 통해 성경의 시선이 동성애에 고정되어 있지 않다는 것을 알 수 있다. 성경은 동성애를 다루는 책이 아니다. 우리가 동성애에 대한 성경의 견해를 이해하

|

려면 성경 속에 흐르는 더 커다란 주제들에 비추어 보아야 한다. 성경에 나와 있는 동성애에 대한 구절은 하나님이 동성애자들에게 전하고자 하시는 말씀의 전부가 아니다. 기독교의 메시지 전체를 대변하는 게 아니라는 뜻이다. 그래서 동성애와 관련된 아래의 구절들은 복음이라는 더 넓은 메시지, 즉 하나님께서 그리스도 안에서 우리에게 행하신 일과 회개와 믿음의 필요성에 대한 선언 안에서 들여다볼 필요가 있다.

게이 친구에게 기독교의 신앙을 설명하고자 하는 크리스천들은 다음 두 가지를 염두에 두어야 한다. 첫째, 성경이 동성애에 대해 언급하는 내용만으로는 기독교의 입장을 전달하기에 충분하지 않다는 것이다. 둘째, 그 내용은 게이 친구와의 대화에서 강조해야 할 우선적이고 핵심적인 사항이 아닐 수 있다는 것이다.

동성애를 직접 언급하는 첫 두 대목은 구약 성경에 나온다.

창세기 19장

창세기 19장에 나오는 소돔은 동성애 행위와 깊이 연루되어 그 이름이 오랫동안 게이 섹스를 가리키는 경멸적인 단어로 사용되었다. 그런데 남색^{sodomy}은 정말 소돔의 특징일까?

이 이야기는 소돔 성 안에 있는 사람들을 규탄하는 크나큰 울부짖음이 하나님께 상달되어 두 천사가 이를 확인하기 위해 성문에 도착한 때부터 시작된다. 남자의 모습을 한 천사들은 도시 광장에서 하룻밤을 보내려고 했는데 롯의 간곡한 만류에 못 이겨 롯의 집에서 묵기로 한다. 이는 소돔이 어떤 도시였는지를 암시해준다.

해가 저물면서 상황은 험악해진다.

그들이 눕기 전에 그 성 사람 곧 소돔 백성들이 노소를 막론하고 원근에서 다 모여 그 집을 에워싸고 롯을 부르고 그에게 이르되 "오늘 밤에 네게 온 사람들이 어디 있느냐 이끌어 내라 우리가 그들을 상관하리라."(창세기 19:4-5)

이 구절 자체만 보면 소돔은 유죄인 듯 보인다.

그러나 구약의 뒷부분에서 소돔의 다른 죄악들, 억압, 간음, 거짓말, 범죄 선동, 거만함, 안일함, 가난한 자에 대한 무관심 등을 고발할 때, 동성애 행위는 언급조차 되지 않는다. 그래서 어떤 사람들은 창세기가 다루고자 하는 진짜 문제는 사회적 억압과 불의인데, 우리가 동성애 코드로 본문을 잘못 해석해온 것이 아닌가 하는 의문을 가진다. 그러나 이 이야기를 면밀히 관찰하면 동성애가 깊이 연루되어 있음을 확실히 보게 된다.

첫째, 히브리어 단어 "알다^{yada}(개역개정판에는 '상관하다'로 번역됨)"는 (성적으로 "알다"보다는) 누군가를 "알게 되다"라는 뜻일 수도 있겠으나, 사람들의 공격성과 천사들을 대신하여 자기 딸들을 데려가라고 협상하는 롯의 끔찍한 시도를 볼 때, 그들의 요구가 조용히 커피나 마시면서 대화하자는 것은 아니었음이 분명해 보인다.

둘째, 이 무리는 비전형적인 작은 집단이 아니다. 의심할 것 없이 그들은 이 지역의 모든 남자들이었다. "소돔 성각 마을에서, 젊은이 노인 할 것 없이 모든 남자가 몰려와서"(창세기 19:4절, 새번역). 이것은 그 도시의 습성이다. 바로 소돔이 행한 일이다.

이 사건은 천사들이 롯에게 심판이 임박했다고 경고하는 (13절) 이유가 된다. 천사들은 그들이 알아야 할 모든 것을 알았다. 소돔을 규탄하는 울부짖음이 정당했음을 확인한 것이다.

신약성경의 유다서는 중요한 통찰을 더해준다.

그리고 소돔과 고모라와 그 주위의 성들도 그들과 마찬가지로 음란함에 빠져서 딴 육체를 좇았기 때문에 영원한 불의 형벌을 받아 사람들에게 본보기가 되었습니다.(유다서 1:7, 새번역)

소돔에서 일어난 사건은 분명한 경고성 메시지다. 하나님의 심판을 직면한 본보기인 것이다. 베드로 역시 비슷한 말을 한다. "소돔과 고모라 성을 멸망하기로 정하여 재가 되게 하사 후세에 경건하지 아니할 자들에게 본을 삼으셨으며"(베드로후서 2:6). 그리고 유다는 그들의 불신앙에 성적 부도덕이 포함되어 있음을 분명히 한다. 그들은 다른 죄들과 더불어 성적인 죄 때문에 벌을 받았다. 그들의 멸망은 하나님이 성적인 죄를 매우 심각하게 여기신다는 것을 알리는 경종이 되었다.

또한 유다는 그들의 성욕이 왜곡되었음을 강조한다. 그들은 "다른 욕망", 문자 그대로 다른 육체를 좇았다. 어떤 사람들은 이 말이 도시의 방문객들이 천사였다는 사실과 관련이 있다고 주장했다. 유다와 베드로의 편지 앞부분에 천사의 죄가 언급되고 있기 때문이다. 그러나 천사들은 남자의 모습을 하고 있었다. 롯의 집 앞에서 난동을 부리는 사람들은 그들이 천사라는 걸 알지 못했다. 그들의 욕망은 롯의 집에서 묵는 남자들과 섹스를 하는 것이었다.

그들이 성적 갈망을 채우고자 사용한 난폭한 방법만이 불신앙은 아니었다. 그 갈망의 종류 역시 하나님을 반하는 것이었다. 사사기 19장에 나오는 이와 유사한 에피소드 역시 소돔의 이방 민족뿐만 아니라 하나님의 백성이라 할지라도 이런 종류의 죄를 짓는 것이 문제임을 보여 준다.

레위기 18장, 20장

레위기에는 동성애 행위를 금지하는 율법이 두 번 나온다.

"너는 여자와 동침함 같이 남자와 동침하지 말라 이는 가증한 일이니라."(레위기 18:22)

"누구든지 여인과 동침하듯 남자와 동침하면 둘 다 가증한 일을 행함인즉 반드시 죽일지니 자기의 피가 자기에게로 돌아가리라."(레위기 20:13)

"가증한 일"이라는 표현은 종종 우상 숭배를 묘사하는 데 사용된다. 그래서 어떤 이들은 이 구절들이 일반적인 동성애 행위가 아니라 이방 신전의 의식과 관련된 매춘을 금지하는 것이라고 주장한다. 그러나 여기에 사용된 표현은 그렇게 구체적이지 않다. 이 구절들은 남자가 "여자와 동침하듯" 남자와 동침하는 것을 가리킬 뿐 그런 행위의 특정한 맥락을 명시하지 않는다. 게다가 레위기 18장과 20장의 앞뒤 문맥을 살펴보면 근친상간, 간음, 수간과 같이 일반적으로 성적인 죄라 여겨지는 것들을 금지하고 있다.

이 가운데 어느 것도 이방 신전이나 우상 숭배와는 관련이 없다. 누가 그런 행위를 하고 어디에서 그런 일이 벌어지는지 상관없이 이것들은 도덕적으로 문제가 있다. 또한 레위기 20:13이 두 남자 모두에게 가증한 일을 행했다고 말하는 것을 눈여겨보아야 한다. 우리는 이것을 게이 강간이나 강요된 관계와 같은 것들만 금지하고 있다고 치부할 수 없다. 레위기는 일반적인, 합의에 의한 동성애 행위까지 금지하고 있다.

다만 우리는 동성애 행위가 성경이 "가증한 일"이라고 묘사한 유일한 죄는 아니라는 것을 알아야 한다. 레위기는 다른 성적인 죄들에 대해서도 똑같은 기준을 적용하고 있고, 잠언은 속이는 말이나 교만, 살인 등도 하나님께 똑같이 가증한 일이라고 열거하고 있다.

그런 의미에서 동성애의 죄는 별도의 범주에 속한 것이 아니다.

로마서 1:18-32

로마서 1장은 동성애 행위의 본질과 특성에 관하여 자세한 이야기를 한다. 지금 로마서 1장을 먼저 읽어보길 바란다.

로마서 첫 장에서 바울이 변증하려는 것은 온 세계는 하나님이 보시기에 불의하기 때문에 구원이 필요하다는 사실이다. 로마서 1:18-32는 하나님께 등을 돌리고 우상 숭배와 불의한 일들이 만연한 이방 세계를 묘사하고 있는데, 여기서 바울은 그의 독자들을 둘러싼 그리스-로마 문화를 본보기로 삼고 있다.

하나님께서 이방 민족에게 진노하신 이유는 그들이 창조 세계에 계시된 하나님에 대한 진리를 거슬렀기 때문이다(18-20절). 이어서 바울은 하나님을 드러내던 것들이 어떻게 왜곡되었는지 세 가지 예를 들어 보여 준다. 그들은 하나님의 영광을 피조물의 형상으로 바꾸어 놓았다(23절). 하나님의 진리를 거짓으로 바꾸고 피조물을 경배하고 숭배했다(25절). 그리고 하나님에 대한 지식을 거부하고(28절) "자연스러운" 관계를 "부자연스러운" 관계로 바꿔버렸다.

"이 때문에 하나님께서 그들을 부끄러운 욕심에 내버려 두셨으니 곧 그들의 여자들도 순리대로 쓸 것을 바꾸어 역리로 쓰며 그와 같이 남자들도 순리대로 여자 쓰기를 버리고 서로 향하여 음욕이 불 일듯 하매 남자가 남자와 더불어 부끄러운 일을 행하여 그들의 그릇됨에 상당한 보응을 그들 자신이 받았느니라."(로마서 1:26-27)

이 구절은 우리를 각성하게 만드는 두 가지 중요한 사실을 분명하게 보여 준다.

동성애는 부자연스럽다.

바울은 레즈비언과 게이의 동성애 행위 모두를 "부자연스러운(역리적인)" 것으로 묘사한다. 이것은 실로 무거운 말이기에 많은 사람들이 받아들이기 힘들어한다. 어떤 이들은 "부자연스럽다"라는 말이 자신들에게는 자연스러운 것을 가리키고 있다고 주장한다. 만일 그렇다면 바울의 이 말은 "타고난" 성향을 거스르고 동성애 행위를 한 이성애자들을 향한 것일 수 있게 된다. 바울이 모든 동성애 행위를 정죄하는 것이 아니라 자신의 성적 지향에 반하는 행위만 정죄하고 있다는 것이다.

그러나 이러한 관점이 일부 사람들에게는 매력적일지 몰라도 본문 자체의 지지를 받을 수 없다. "자연스럽다"라든지 "자연을 거스르다"라는 말은 우리가 느끼는 주관적인 경험이 아니라 창조 세계에 심긴 고정된 법칙을 가리킨다. 동성애 행위가 부인하는 자연(본성)이란 창조 세계에 계시되어 있고 성경 전체에 반복되어 나타나는 우리를 향한 하나님의 목적이다.

이는 SSA를 지닌 사람들이 "그런데 하나님이 나를 이런 식으로 만드셨어!"라고 말하는 것이 옳지 않음을 보여 준다. 로마서 1장에서 바울의 논점은 우리의 "본성(우리가 경험하는)"이 자연스러운(하나님이 의도하신) 게 아니라는 것이다. 우리는 모두 타락한 본성의 결과로 왜곡된 욕망을 갖고 있다. 하나님께서 금지하신 것을 향한 욕망은 죄가 어떻게 나를 왜곡시켰는지를 보여줄 뿐, 그것으로 하나님이 어떻게 나를 만드셨는지를 판단할 수 없다.

또한 바울이 남성 간의 동성애 행위뿐 아니라 여성 간의 동성애 행위도 언급한 것을 보면 그는 모든 동성애 행위를 정죄하고 있는 것이지 로마 시대에 행해지던 성인 남자와 소년의 관계에 한정하여 이야기하는 게 아니다.

그러나 바울이 강한 표현을 사용했다고 해서 동성애 행위를 유일한 죄라고 여기거나 가장 악질적인 죄라고 생각하면 안 된다. 바울이 이것을 강조한 이유는 당시 로마 문화권 안에 있던 독자들에게 동성애 문제는 특히 생생하게 체감되는 적절한 사례였기 때문일 것이다. 어쨌든 우리가 하나님을 거역하면 부자연스러운 것을 갈망하는 상태에 빠지게 된다는 점에서 이 본문은 우리 모두에게 해당되는 이야기이다. 즉 동성애자뿐만 아니라 이성애자에게도 적용이 된다는 것이다.

동성애는 하나님의 심판의 표징이다.

바울은 먼저 복음을 소개하고 이어서 "하나님의 진노가 불의로 진리를 막는 사람들의 모든 경건하지 않음과 불의에 대하여 하늘로부터 나타난다"(로마서 1:18)라고 쓴다. 언젠가 "진노의 날 곧 하나님의 의로우신 심판이 나타나는 그날"(로마서 2:5)이 오겠지만 이미 오늘날에도 죄에 대한 하나님의 분노는 표출되고 있다.

우리가 하나님의 진노를 상상할 때는 재난 영화에 나오는 컴퓨터 그래픽 이미지나 하늘에서 떨어지는 번개를 떠올리곤 한다. 그러나 바울은 매우 색다른 이야기를 꺼내는데, 우리가 원하는 바를 주시는 것이 하나님의 진노라는 것이다.

바울은 우리가 그분의 영광과 진리와 지식을 다른 것들로 맞바꿔 놓은 것에 대한 응답으로 하나님이 우리를 죄로 가득한 욕망의 결과 속에 살도록 내버려 두신다고 말한다.

이것이 오늘날의 죄에 대한 심판이다. 우리는 하나님이 없는 현실을 요청하고 그분은 우리에게 그것을 맛보도록 하신다.

하나님이 "내버려 두신" 결과 죄악은 점점 심해지고 인간 행위는 더욱 파탄에 빠진다. 하나님은 인간을 더러운 정욕과 불명예스러운 몸의 행위(24절)와 "부끄러운 욕심"(26절)에 내버려 두신다. 자연스러운 관계가 부자연스러운 관계로 바뀌면 "타락한 마음"과 "온갖 사악함"의 범람 등 수많은 반反사회적 행위들을 초래하게 된다(28-31절). 죄는 심판을 낳고, 심판은 더 많은 죄를 낳는 것이다.

이 모든 죄악들의 현존은 우리가 하나님의 분노를 미리 맛보고 심판의 날에 임할 최후의 폭발을 도발하는 세상에 살고 있음을 상기시켜준다. 이런 행위의 목록에 동성애가 포함되었다는 것은 그것이 죄 많은 인간의 왜곡된 본성에 대한 증거라는 의미이다.

우리는 바울이 개인적인 견지보다는 사회적 견지에서 얘기하고 있음을 인식할 필요가 있다. 그는 특정한 사람들이 아니라 문화 전반에서 일어나는 일을 묘사하고 있다. 누군가가 동성애적 욕망을 가지고 있다는 것은 그가 다른 사람보다 더 크게 하나님을 거역했다거나 하나님이 그를 다른 사람보다 유난히 더 무거운 죄에 빠지도록 버려두었다는 표시가 아니다.

이것은 고난을 해석하는 방식과 비슷하다. 어떤 사람이 끔찍한 고난을 겪고 있는 이유가 고난이 적은 사람보다 죄를 많이 지었기 때문이 아니다. 오히려 어디에나 고난이 있다는 사실은 인류가 하나님의 심판 아래 있음을 보여 준다. 마찬가지로 내 안에 동성애적 감정이 있다는 것은 세상이 옳지 않기 때문에 내 욕망도 옳지 않다는 점을 상기시켜준다. 우리는 다 같이 하나님께 등을 돌렸고 다 같이 죄에 넘겨진 것이다.

고린도전서 6:9-10

"불의한 사람들은 하나님 나라를 상속받지 못하리라는 것을 알지 못합니까? 착각하지 마십시오. 음행을 하는 사람들이나, 우상을 숭배하는 사람들이나, 간음을 하는 사람들이나, 여성 노릇을 하는 사람들이나, 동성애를 하는 사람들이나, 도둑질하는 사람들이나, 탐욕을 부리는 사람들이나, 술 취하는 사람들이나,

남을 중상하는 사람들이나, 남의 것을 약탈하는 사람들은, 하나님 나라를 상속받지 못할 것입니다."(고린도전서 6:9-10, 새번역)

이 본문에서 바울은 (회개하지 않으면) 하나님의 나라에서 배제될 각색의 사람들을 열거하고 있다. 네 부류는 성적인 죄와 관련이 있는데 그중에 둘은 구체적으로 동성애 행위를 가리키고 있다. 영어 번역 성경 NIV 1984년판에서는 '동성애를 하는 사람들'을 "남창들과 동성애 범죄자들"로 번역한 반면, ESV는 둘을 묶어서 "동성애 행위를 하는 남자들"이라고 번역했다.

이것은 굉장히 위험한 이야기다. 바울은 지금 천국에 존재하지 않을 사람들의 예를 들고 있는 것이다. 우리는 그가 무슨 이야기를 하고 있는 건지 확실하게 이해할 필요가 있다.

동성애와 관련된 첫 번째 단어는 말라코이^{malakoi}로서 문자적으로 "부드러운" 사람들이란 뜻이다. 고전 문학에서는 여성적인 남자들을 가리키는 경멸적인 용어로 사용되었다. 남색(성인 남자-소년) 관계에서 더 젊고 수동적인 파트너를 가리키거나 남창(NIV 1984년판 참고)을 언급하는 말이기도 하다. 고린도전서 6장에서 말라코이는 음행, 간음과 같은 일반적인 성적인 죄들과 함께 나열되어 있는데, 그 문맥상 바울은 이 단어를 동성애 성교에서 수동적인 파트너까지 포함해서 폭넓은 의미로 사용하고 있음을 알 수 있다.

이 해석은 바울이 동성애와 관련해서 사용하는 두 번째 단어의 의미와도 상응한다. 아르세노코이타이^{arsenokoitai}는 "남성^{arsen}"과 "교섭^{koites}, 문자적으로 '침대'"의 복합어다. 이는 레위기 18:22와 20:13의 그리스어 번역본에서 사용된 두 단어로 바울이 이 두 구절을 인용하고 있음을 귀띔해 준다.

그러므로 아르세노코이타이는 동성 간의 섹스를 가리키는 일반적인 용어이고, 이 단어가 말라코이와 짝을 이루는 것으로 보아 바울은 동성애 섹스에서 능동적 파트너와 수동적 파트너를 모두 지칭하고 있는 것이다.

이 모든 논의는 동성애를 이해하는 데 어떤 의미가 있는가?

동성애의 죄는 심각하다. 바울은 회개하지 않고 활동 중인 동성애자(모든 불의한 자들처럼)는 하나님 나라에 들어가지 못할 것이라고 말한다. 이는 매우 엄중한 진실이다.

바울은 또한 이 가르침을 부인하고 어떤 형태의 동성애

행위는 하나님께 용납 받을 수 있다고 주장하는 이들에게 속지 말라고 강조한다. 바울의 논점은 분명하다. 동성애 행위는 사람들을 파멸로 이끈다는 것이다. 이와 다른 가르침(애석하게도 많은 기독교 지도자들이 다르게 가르친다고 알려져 있다)은 사람들을 지옥으로 보내는 것과 다를 바 없다. 이것은 복음의 쟁점이다(101쪽 박스 안의 내용 참고).

동성애의 죄는 독특한 것이 아니다. 바울이 열거한 죄의 목록에는 다른 성격의 성적인 죄들(성적 부도덕과 간음)과 비非성적인 죄들(술 취함과 도둑질 등)도 포함된다. 동성애의 죄는 굉장히 심각하지만 이것만 유일하게 심각한 것은 아니다. 동성애는 사악한 죄이지만 탐욕도 마찬가지다. 하나님은 동성애에 빠진 이들을 심판하실 것이다. 또한 도둑들 역시 심판하실 것이다.

우리는 동성애가 우리 시대의 대표적인 죄인 것처럼 주장하면 안 된다. 성경에 충실하려면 도둑질, 탐욕, 술 취함, 비방, 사기 등 서구 사회가 하찮게 여기는 많은 죄들, 불의함을 특징짓는 모든 죄들도 경계하도록 설파해야 한다. 그런데 이 본문에는 놀라운 약속도 있다.

동성애의 죄는 불가피한 게 아니다

바울은 11절에서 이렇게 글을 이어간다.

"여러분 가운데 이런 사람들이 더러 있었습니다. 그러나 여러분은 주 예수 그리스도의 이름과 우리 하나님의 성령으로 씻겨지고, 거룩하게 되고, 의롭게 되었습니다."(고린도전서 6:11, 새번역)

이런 행실들은 고린도 크리스천들에게 어울리지 않는데, 그들은 더 이상 그런 존재가 아니기 때문이다. 그들 중 일부는 분명히 과거에 동성애자들이었다. 한때는 그런 식으로 살았던 것이다. 그러나 지금은 아니다. 그들은 씻기고, 성화되고, 의롭게 되었다. 즉, 용서를 받고 죄에서 깨끗하게 되고 하나님을 위해 구별된 것이다. 이제는 그분 앞에서 새로운 신분과 정체성을 갖게 되었다.

동성애 행위는 누군가의 삶에 아무리 깊이 새겨졌어도 결코 불가피한 게 아니다. 게이 생활 방식을 영위하던 누군가가 하나님에 의해 새롭게 되는 것은 얼마든지 가능하다. 물론 유혹과 감정이 남아있을 수 있다. 바울이 독자들에게 과거의 생활 방식으로 돌아가지 말라고 경고하는 것은 약간의 욕망은 여전히 남아있을 수 있기 때문이다. 그러나 그리스도 안에서 우리는 더 이상 예전의 우리가 아니다. 게이 생활 방식에서 벗어난 이들은 이제 자기 자신을 어떻게 바라봐야 하는지 알아야 한다. 과거에 우리를 규정했던 것들은 결코 현재의 우리를 규정할 수 없다.

디모데전서 1:9-10

"율법이 제정된 것은, 의로운 사람 때문이 아니라, 법을 어기는 자와, 순종하지 않는 자와, 경건하지 않은 자와, 죄인과, 거룩하지 않은 자와, 속된 자와, 아비를 살해하는 자와, 어미를 살해하는 자와, 살인자와, 간음하는 자와, 남색하는 자와, 사람을 유괴하는 자와, 거짓말하는 자와, 거짓 맹세를 하는 자와, 그 밖에도, 무엇이든지 건전한 교훈에 배치되는 일 때문임을 우리는 압니다."(디모데전서 1:9-10, 새번역)

바울은 다시금 모든 형태의 동성애 행위를 가리키는 포괄적 용어로 아르세노코이타이(개역개정판과 새번역에는 "남색하는 자'로 번역됨)를 사용한다. 또한 고린도전서와 같이 동성 간의 섹스가 여러 종류의 성적인 죄들과 비성적인 죄들 사이에 언급되어 있다.

이런 행실들은 "의롭지" 않은 사람들의 특징이고, 율법은 그들이 죄를 자각하고 자비가 필요함을 깨닫게 하기 위해 주어진 것이다. 이 모든 행습은 "건전한 교리"와 복음과는 모순된다. 그런 것들은 이제 크리스천이 영위해야 할 삶과 어울리지 않는다. 우리가 그리스도 안에서 갖게 된 새로운 정체성에 거슬리는 것이다.

이번 장은 읽기 어려운 사람들이 많았을 것이다. 나도 집필하기가 쉽지 않았다. 성경에서 동성애를 직접 언급하는 구절들은 하나같이 그 행위를 정죄한다. 성경의 가르침은 일관되고 명백하다. 하나님은 동성애 행위를 금하신다는 것이다. 섹스와 결혼을 만드신 하나님의 목적을 생각하면 이는 놀랄 일이 아니다.

사실은 많은 사람들이 생각하는 것보다 우리에게 요구되는 것은 더 엄격하다. 하나님은 이성 간의 결혼 관계 바깥의 모든 성적 행위에 반대하신다. 성경이 모든 동성애 행위는 반대하고 이성 간의 모든 성행위에는 찬성하는 것이 아니다.

동성애를 경험하는 이들 또는 그들의 지인들에게는 이런 성경의 가르침이 정말 어렵게 느껴질 수 있다. 특히 크리스천이면서 동성에게 매력을 느끼는 (나 같은) 사람들은 더욱 어려움이 클 것이다. 이것은 어떤 의미인가? 이런 감정은 우리를 크리스천의 지위에서 실격시키는가?

놀랍게도 "아니다"라는 것이 정답이다. 그 이유를 다음 장에서 살펴보자.

동성 간의 파트너십은
헌신적이고 신실한 관계이면 괜찮은가?

○

오늘날 동성 간의 파트너십을 찬성하는 논리 중 하나는 다른 무엇보다 중요한 것은 신실함과 헌신이라는 것이다. 두 사람의 젠더가 아니라 관계상의 신실함이 도덕적 선(善)을 결정해야 옳지 않은가? 다수의 파트너들과 관계를 맺는 난잡한 게이들의 생활 방식과 처음 만난 사람과 하룻밤 즐기는 섹스는 잘못일지 몰라도, 서로 사랑하고 모든 약속에 충실한 두 사람은 괜찮지 않은가?

이것은 설득력 있는 논리처럼 보인다. 그래서 동성애 행습을 허용하는 크리스천들이 점점 많아지고 있다. 그러나 이에 대하여 몇 가지 중요한 사항을 짚어보아야 한다.

고린도전서 5장에서 바울은 고린도 교회가 부정한 관계를 용납했다고 그들을 책망한다. 한 남자는 아버지의 아내—그의 계모일 가능성이 크다—와 관계를 맺고 있다. 이는 레위기 18장에서 명시적으로 금지하는 것이다. 바울은 무척 당황했다. 고린도 사회의 이방인들조차 허용하지 않을 일이(고린도전서 5:1) 그리스도인들 가운데서 벌어진 것이다.

이 상황에 대한 바울의 반응, 즉 바울이 언급한 것과 언급하지 않은 것 모두를 살펴보는 게 도움이 된다. 이 유난한 커플이 서로 사랑하는지에 대한 질문은 없다. 바울은 그들의 헌신의 수준이나 신실함의 여부를 묻지 않는다. 그것은 쟁점이 아니기 때문이다. 그들이 장기적으로 헌신적인 관계를 맺고 있었는지의 여부와 상관없이 그 관계는 애초부터 이어지면 안 되었을 잘못된 것이라는 사실에 변함이 없다.

바울은 신실하고 부정한 관계와 방탕하고 부정한 관계를 구분하지 않는다. 마치 후자는 한도를 넘어섰지만 전자는 그들의 신실함 덕분에 겨우 통과될 수 있는 것처럼 말이다. 죄를 짓는 동안의 일관성과 신실함이 그 죄의 무게를 덜어낼 수 없다. 바울은 그 교인을 공동체에서 쫓아내고 온 교회가 그 사건에 대해 통탄할 것을 요구한다(고린도전서 5:2). 금지된 관계에서 신실함을 증명한다고 그 죄가 줄어드는 것은 아니다.

삶의 많은 영역에서 우리는 잘못된 행동을 하면서도 얼마든지 좋은 자질을 보여줄 수 있다. 범죄 조직에 속한 도둑은 도둑질을 하면서도 동료들에게 완벽한 의리를 보여줄 수 있다. 동료들을 위해 망을 보고, 그들을 위험에서 구해주고, 훔친 물건을 넉넉하게 나눠가질 수 있는 것이다. 이 중에 어느 것도 도둑질의 부도덕성을 줄여주지 못한다. 그것은 "나쁜" 도둑이 아니라 "좋은" 도둑임을 의미할 뿐이다. 우리가 살펴보았듯이, 성경은 분명히 모든 동성애 행위를 금지하고 있다. 신실하고 헌신적인 동성애도 난잡하고 불성실한 동성애 행위만큼 용납될 수 없는 것이다.

예수님은 동성애를 언급하신 적이 없는데 왜 문제가 되는가?

○

간혹 사람들은 예수님이 동성애를 직접 언급하신 적이 없는 것으로 보아 그분은 동성애를 반대하셨을 리가 없다고 말한다. 물론 예수님이 동성애를 직접적으로 말씀하시지는 않았지만 성적인 죄에 대해 가르치실 때 그 문제를 다루신다. 다음 말씀을 생각해보자.

사람에게서 나오는 그것이 사람을 더럽게 하느니라 속에서 곧 사람의 마음에서 나오는 것은 악한 생각 곧 음란과 도둑질과 살인과 간음과 탐욕과 악독과 속임과 음탕과 질투와 비방과 교만과 우매함이니 이 모든 악한 것이 다 속에서 나와서 사람을 더럽게 하느니라.(마가복음 7:20-23)

예수님은 하나님 앞에서 사람을 영적으로 더럽게 만드는 것들이 있다고 말씀하신다. 이 목록에는 성적인 죄의 예들도 포함되어 있다. 간음과 음탕과 음란이다. 여기서 "음란(성적 부도덕)"은 그리스어 포르네이아porneia, "포르노그래피"의 어원를 번역한 것으로서 결혼 바깥의 모든 성행위를 일컫는 포괄적인 용어이다. 이는 성교를 넘어 성적인 성격을 지닌 모든 행위를 포함한다. 당시의 청중 가운데 이 단어가 동성애 행위를 포함한다는 점을 의심했던 사람은 아무도 없었을 것이다.

나에게 갑자기 관대한 마음이 일어나 이번 주일에 예배

에 나온 모든 사람들에게 감사의 표시로 1천 파운드를 선물하기로 결심했다고 상상해 보자. 교회 건물 안에 있는 사람은 누구나 자격이 있기 때문에 그냥 문 앞에서 나를 만나기만 하면 된다. 내가 그 약속을 할 때 당신이 거기에 있었다면 당연히 당신도 선물을 받을 수 있다. 내가 당신의 이름을 언급하지 않았고 당신에게 직접 말하지 않았어도 말이다. 마찬가지로 성적 부도덕에 대한 금지 사항을 열거할 때 동성애는 거론되지 않지만 예수님은 그것을 포함해서 말씀하신 것이다.

한 가지 더 중요한 것이 있다. 예수님은 결혼 바깥의 성적인 죄를 정죄하셨을 뿐만 아니라 결혼에 대한 유일한 대안은 금욕뿐이라고 말씀하셨다. 마태복음 19장에서 예수님이 결혼에 대한 하나님의 목적을 설명하시자 제자들이 격분해 이렇게 반응했다. "남편과 아내 사이가 그러하다면, 차라리 장가들지 않는 것이 좋겠습니다"(마태복음 19:10, 새번역). 그들에게 예수님의 가르침은 삼키기에 너무나 쓴 알약이었다. 제자들은 결혼이 그토록 심각한 일이라면 차라리 피하는 편이 낫겠다고 생각했다.

그들에 대한 예수님의 반응은 무척 의미심장하다.

누구나 다 이 말을 받아들이지는 못한다. 다만, 타고난 사람들
만이 받아들인다. 모태로부터 그렇게 태어난 고자도 있고, 사람
이 고자로 만들어서 된 고자도 있고, 또 하늘나라 때문에 스스
로 고자가 된 사람도 있다. 이 말을 받아들일 수 있는 사람은 받
아들여라.(마태복음 19:11-12, 새번역)

당시 고자들은 결혼을 하지 않았다. 예수님은 그들의 금
욕이 타고난 것이든, 인간의 개입 때문이든, 결혼을 포기하
는 자발적 결정이라고 말씀하신다. 어찌 되었건 제자들이
결혼 관계의 헌신과 진지함에 대해 난색을 표한 직후 이런
말씀을 하신 것은 예수님이 금욕을 결혼의 유일한 대안으로
간주하고 있음을 알 수 있다.

우리는 누구나 결혼을 하거나 싱글로 남아야 한다.

동성애 관계든 미혼의 이성 관계든 제3의 가능성은 될 수
없다. 예수님의 가르침에 따르면 우리 앞에 놓인 경건한 대
안은 (이성 간의) 결혼과 금욕뿐이다.

동성애와 크리스천

|

3장

아마 동성에게 매력을 느끼는 크리스천들이 상당수 있을 것이다. 우리는 타락한 세상에서 살고 있기 때문이다. 창조 세계는 우리 죄의 영향을 받았다. 그래서 '피조물이 허무한 데 굴복'해 온 것이다(로마서 8: 20). 세상에는 질병도 있고, 무질서도 있다. 이것은 사람의 몸과 마음과 생각에 영향을 미친다. 크리스천들 역시 타락한 창조 질서의 파괴적인 힘에 굴복했다. 크리스천도 질병에 걸리고, 비극적인 일을 당하고, 불안함을 경험한다. 이성애자나 동성애자나 상관없이 사람은 모두 타락한 성욕을 경험한다. 크리스천이 병에 걸리는 게 이상한 일이 아니듯이 크리스천도 동성에게 매력을 느낄

수 있다. 우리가 진정한 크리스천으로 사는 것은 결코 동성
애를 경험하지 않는 것이 아니라 그런 일에 어떻게 반응하
는지에 달렸다.

그러면 동성애를 느끼는 크리스천은 어떻게 해야 하는
가? 권면하고 싶은 것이 몇 가지 있다.

기도하라

동성에게 매력을 느끼는 크리스천은 그 문제를 주님께 얘기
해야 한다. 그것이 하늘에 계신 아버지께 털어놓을 수 있는
이슈임을 아는 것이 중요하다. 동성애의 감정은 우리를 하
나님의 임재로부터 밀어내지 않는다. 이 주제는 금단의 벽
이 아니다. 우리가 이런 감정을 경험해도 그분은 여전히 우
리 아버지시고, 우리는 그의 사랑하는 자녀들이다.

하나님께 우리의 혼란과 고민을 얘기해야 한다

우리는 그런 감정이 어디서 왔고 앞으로 어떻게 될지 모
르지만 하나님은 우리를 온전히 아신다. 완전한 통제권을
갖고 계신 하나님께서 모든 일에(이런 원치 않는 경험까지 포함해

서) 우리의 유익을 위해 일하신다는 사실은 우리에게 큰 위안을 준다. 하나님은 우리에게 지혜가 부족하면 지혜를 주시겠다고 약속하신다. 그분은 "아낌없이 주시고 나무라지 않으시는 분"(야고보서 1:5, 새번역)이시기 때문이다. 우리는 혼란과 고민이 있을 때 가장 먼저 하나님을 찾아야 한다.

하나님께 우리의 유혹을 얘기해야 한다

예수님은 유혹에서 건져달라는 기도를 하라고 가르치셨다(마태복음 6:13). 우리가 받는 유혹을 구체적으로 말씀드리고 죄를 고백하는 일은 무척 도움이 된다. 하나님은 그런 상황에서 우리에게 버틸 힘을 주시는 분이기 때문이다. 더구나, 예수님은 "우리의 연약함을 동정하지 못하시는 분이 아니고," "모든 점에서 우리와 마찬가지로 시험을 받으셨지만, 죄는 없으신" 분이다(히브리서 4:15, 새번역). 그분은 유혹과 싸우는 것이 무엇인지 아시기 때문에 우리에게 공감하실 수 있다. 그래서 우리는 위대한 구원자이신 그분께 담대히 나아가 기도할 수 있는 것이다. 그분은 우리의 기도를 냉담하게 듣지 않으시고, 우리를 이해하는 데 부족함이 없으시다.

하나님께 우리의 죄에 대해 얘기해야 한다

우리는 생각이나 행동으로 동성애 유혹에 여러 번 굴복했을 수 있다. 그런 죄로 인해 우리 마음이 무거워지는 것은 정상이다. 그러나 용서받을 수 없는 죄가 아니기 때문에 기뻐해야 마땅하다. 그리스도는 바로 이런 죄 때문에 돌아가신 것이다. 사도 요한이 우리에게 상기시켜주는 진리를 생각해 보자. "만일 우리가 우리 죄를 자백하면 그는 미쁘시고 의로우사 우리 죄를 사하시며 우리를 모든 불의에서 깨끗하게 하실 것이요"(요한일서 1:9). 우리가 생각과 행동으로 지었던 최악의 죄를 하나님께 아뢸 수 있다는 것은 얼마나 큰 복인지 모른다.

그 문제에 대해 올바르게 생각하라

크리스천은 이런 감정이 의미하는 것과 의미하지 않는 것을 분명하게 판단할 필요가 있다.

그것은 당신의 자격을 박탈할 수 없다

내가 만난 크리스천들 중에는 SSA를 경험할 때 영적으로 불결하다고 느끼는 사람이 많았다. 어떤 사람은 자신이 수리할 수 없는 "손상된 물건"처럼 영원히 하나님을 불쾌하게 만드는 존재로 느껴진다고 했다.

또한 그들은 이성애자들이 경험하는 성적 유혹과 비교를 한다. 적어도 이성애자들은 만들어진 본래 의도에 맞게 성적 표출을 하고 있다는 것이다. 자신들이 느끼는 성적 유혹이 잘못된 데다가 왜곡되기까지 했다는 생각은 SSA와 씨름하는 이들의 부끄러움을 가중시킨다.

이것이 바람직한 상태가 아니라고 느끼는 것은 괜찮다. 그런 감정은 복음을 상기시켜주는 훌륭한 기회가 될 수 있다. 우리는 자신의 공로와 행위로는 결코 하나님께 용납될 수 없다. 복음은 우리의 내재적 가치나 타고난 영적 고결함과는 상관이 없다. 오히려 완전히 상반된 것이다. 복음은 누구든지 "그리스도 안에" 있으면 하나님 보시기에 의롭다(고린도후서 5:21)고 말한다. 더욱 놀라운 진리는 우리가 끊임없는 유혹에 흔들려도 이 사실은 결코 변하지 않는다는 것이다. 그리스도 안에서 우리는 하나님이 보시기에 거룩하고 흠 없는 자들로 세워졌기 때문이다(골로새서 1:22).

그런 감정이 우리의 정체성 전부를 대변하는 것처럼 여기는 것도 지나친 생각이다. 우리는 성(性)과 정체성을 거의 동일시하는 문화 속에서 살고 있다. "당신은 곧 당신의 성"이라는 것이다. 이것은 동성애 감정을 경험하는 것은 당신이 근본적으로 동성애자임을 의미한다고 생각하게 만든다.

크리스천들은 이에 대해 건강한 관점을 잃기 쉽다. SSA가 크리스천의 삶에서 유일한 이슈이고 다른 죄나 죄에 대한 몸부림은 중요한 관심사가 아닌 것처럼 생각할 수 있다. 내 경우에는 성적인 유혹보다는 탐욕과 훨씬 더 씨름하는 편이다. SSA가 우리의 크리스천으로서의 삶 전체를 들여다보는 렌즈가 될 수는 있다. SSA가 삶의 여러 영역에 상당한 영향을 미치는 것도 사실이다. 그러나 이것이 당신의 삶을 규정짓는 것은 아니다.

앞서 살펴보았듯이, 바울은 한때 동성애에 빠졌던 크리스천 남성과 여성들에게 "여러분 가운데 이런 사람들이 더러 있었습니다"(고린도전서 6:11, 새번역)라고 말했다. 그런 유혹이 조금 남아 있더라도 우리의 정체성은 근본적으로 바뀌었다.

아울러 성은 늘 고정된 것이 아님을 이해하는 것도 중요하다. 성장의 한 단계에서 품었던 우리의 욕망은 다른 단계에서 달라질 수 있다. 특히 성적 매력이 상당히 바뀔 수 있는 사춘기에 특히 그렇다. 내가 만난 많은 남성과 여성들은 십대 시절에 SSA를 느꼈다가 결국에는 그들의 욕망이 이성 간 끌림opposite sex attraction으로 되돌아갔다. 한때 SSA를 경험했다고 해서 영원히 그렇게 살아야 하는 것은 아니다. 처음으로 SSA를 경험한 사람이 이것을 남은 생애 내내 안고 가야 할 "성적 지향"으로 여길 필요가 전혀 없는 것이다.

다른 사람의 지지를 구하라

다른 사람과 얘기하는 일이 무척 어려울 수 있다. 특히 교회가 동성애에 대해 늘 부정적으로 얘기했다면 교회 안의 다른 사람에게 자신의 동성애적 감정을 얘기하는 것은 쉽지 않다.

SSA를 경험하는 크리스천들은 자기편을 저버리고 있다고 느끼거나 믿음의 친구들과 목사가 본인에게 실망할 거라고 생각한다. 그러나 우리의 고군분투에 대한 나눔은 결코 누군가를 실망시킬 수 없다. 다른 크리스천과 함께 개인적인 고민을 나누는 것은 굉장한 특권이다. 우리 모두 연약하기 때문이다! 크리스천은 홀로 씨름하는 게 바람직하지 않다. 모든 크리스천은 타인의 지지가 필요하다. 우리는 "남의 짐을 서로 져 주고," "그리스도의 법을 성취하도록"(갈라디아서 6:2) 부름을 받았다.

하나님은 우리의 성적 욕망을 바꾸실 수 있을까?

어느 의미에서는 단연코 "그렇다!" 우리는 그리스도의 공로로 더 이상 죄의 유혹과 심판이 없는 새로운 창조 세계에서 영원히 살아가게 될 것이다. 우리는 새로운 몸을 갖게 될 것이다. 그곳에서는 눈물이 없고 모든 괴로움도 사라질 것이다. 그곳에서는 성적인 문제로 고심하지 않아도 된다. 우리는 영원히 그리스도와 같이 변할 것이다. 이것이 크리스천의 확실한 소망이다.

그런데 지금 살고 있는 세상에서는 어떨까? 우리가 새로운 창조 세계에 도달하기 전에 하나님은 우리의 성욕을 바꾸실 수 있을까?

나는 그 변화가 가능하다고 믿지만, 성적 지향의 완전한 변화가 성경에 약속되어 있지는 않다.

크리스천은 주권자이신 하나님이 이 세상에서도 성령의 사역을 통해 우리의 깨어진 부분을 치유하시고 부정적인 행습으로부터 우리를 건져내실 수 있다고 믿는다. 하나님이 우리의 성적 욕망을 바꾸실 수 있다는 것은 의심의 여지가 없고, 그분이 그렇게 행하신 실례도 상당히 많다.

한 크리스천 친구는 그의 성적 욕망이 극적으로 바뀌는 것을 경험했다. 젊은 시절의 그는 오로지 동성애적 욕구만 느꼈다. 그런 그가 자신의 성향을 받아들이고 그 사실을 가족과 친구들에게 얘기하기 시작하자 그는 매우 빠르게 변화되었다. 그는 한 여성과 사랑에 빠져 결혼했고 여러 해 동안 행복하게 살고 있다. 그는 그 이후로 동성애 감정을 느낀 적이 없다고 한다. 변화를 위해 적극적으로 노력하지 않았는데도 말이다. 이렇게 갑작스러운 변화는 아니더라도 나는 그와 비슷한 경험을 한 다른 크리스천들의 이야기를 읽기도 하고 듣기도 했다.

그러나 이것이 보편적인 경험은 아니다. 열심히 기도해서 변화를 경험한 크리스천들도 있지만 똑같이 기도했으나 아무 일도 일어나지 않은 이들도 있다.

크리스천은 두 현실 사이에 살고 있음을 기억해야 한다.

1. 우리는 크리스천이 될 때 새로운 피조물이 되었다

누구든지 그리스도 안에 있으면 새로운 피조물이라.(고린도후서 5:17)

우리는 새로운 자아를 부여받았다(에베소서 4:24). 복음은 우리 안에 있는 것들뿐만 아니라 우리의 존재 자체를 변화시켰다. 우리는 새롭게 되었다. 예수님의 표현을 빌리자면, 다시 태어난 것이다.(요한복음 3:3)

2. 그러나 우리는 아직 하나님의 백성으로서 완전한 구원을 받지 못했다

우리는 아직도 "양자 될 것"과 "몸의 속량"을 기다린다(로마서 8:23). 그래서 죄와의 씨름은 계속되고 유혹도 그치지 않는다. 우리가 갈망하는 완전한 치유와 구원은 새 하늘과 새 땅이 도래하기 전에 이뤄질 수 없다.

이러한 이유로—두 현실 사이에 끼여 있음—바울은 우리가 탄식하고 있다고 말한다(로마서 8:23). 우리는 양자됨을 맛보았기 때문에 완전한 성취를 갈망한다. 이것은 마치 당신을 위해 준비된 맛있는 음식을 한 숟가락 맛보는 것과 같다. 그러면 당신이 얼마나 배가 고팠는지를, 식탁에 앉아 양껏 먹을 수 있게 되면 얼마나 좋을지를 확실히 느끼게 된다.

하나님이 장차 일어날 일들의 일부를 현재의 경험 속으로 은혜롭게 부어주셔서 파격적인 치유와 도움을 선사하실 때도 있다. 그런 일들은 우리 삶에 영향을 미치는 여러 세력들이 하나님의 강한 권능 아래 있음을 극적으로 보여 준다. 그럴 때 우리는 하나님께 감사를 드린다. 반면에 고통이 그대로 남아있고 변화가 무척 느려 보일 때에도 우리가 하나님을 즐거워하면 그분은 영광을 받으신다. 우리가 마치 후퇴하고 있는 것처럼 느껴질 때도 마찬가지다.

이 땅에서의 변화는 가능하다. 그러나 반드시 일어난다는 약속은 없다. 변화가 절대로 일어날 수 없다고 단정해서도 안 되지만 반드시 일어나야 한다고 주장할 수도 없는 것이다. 우리는 처음부터 끝까지 모든 것을 알고 계신 하나님께서 언제나 옳은 일을 행하신다고 신뢰하는 법을 배워야 한다.

SSA 성향을 지닌 미혼의 크리스천들에게 독신으로 지낼 것을 요구해도 될까?

성경이 이성 간의 결혼 관계 바깥의 모든 성행위를 금지한다는 것은 이미 살펴보았다. SSA 성향의 일부 크리스천들은 결혼을 할 수도 있다. 그들의 성욕에 어느 정도 변화가 일어났거나 지속적인 동성애의 유혹에도 불구하고 이성과의 행복한 결혼 관계를 즐길 수 있게 되었다면 말이다.

내가 아는 남성과 여성들 중에 이런 사례가 여럿 있다. 그들에게 동성애적 성향은 여전히 남아 있지만 이성과의 결혼 안에서 깊은 동지애와 충분한 성적 만족감을 경험하는 것이다.

그러나 현실적으로 이성과의 결혼이 불가능한 형제, 자매들도 있다. 그들에게도 독신으로 지낼 것을 요구해도 될까? 이것은 현실적인 대안일까?

이 질문에 대한 성경의 답은 "그렇다"이다.

앞서 논의했듯이, 예수님이 결혼에 대한 대안을 말씀하실 때 동거나 동성애 관계, 또는 다른 어떤 종류의 성적 관계를 언급하지 않으신다. 다만 고자—결혼을 하지 않고 순결을 지킨 사람—에 대해서만 말씀하신다(마태복음 19:10-12). 이것만이 이성 간의 결혼에 대한 유일하게 경건한 대안이다. 누구든지 미혼으로 지내는 동안은 성적인 행위를 삼가야 하기 때문이다. "금욕"이나 "순결"은 다소 한물 간 단어이지만, 독신으로서 성적인 욕망을 자제해야 한다는 의미를 정확히 담아내고 있다.

건강한 독신

그런데 이것은 건강한가? 오늘날처럼 자유로운 성적 표현을 북돋우는 세상에서 미혼 남녀에게 모든 성적 행위를 삼가라고 요청하는 것이 괜찮을까?

우리가 성경의 권위에 헌신했다면, 어떤 의미에서 답은 이미 정해졌다. 하나님의 말씀은 명백하다. 우리가 성경을 따른다면 이 점을 고수해야 한다. 성경(교회사 속에서 주류 기독교가 견지한 입장)을 믿는다고 주장하면서, 특정한 가르침을 우리 마음대로 거부하는 것은 옳지 않다. 그러면 진리를 결정하는 주체는 하나님이 아니라 우리가 되는 것이다.

성경은 독신의 긍정적인 면을 일러준다. 누군가 긴 시간을 독신으로 사는 데는 다양한 이유가 있겠지만(예수님이 마태복음 19장에서 고자를 인정한 것처럼), 어느 경우든지 우리 자신과 다른 사람들에게 축복의 통로가 될 수 있다.

바울은 독신을 하나님이 주신 "선물(은사)"이라고 얘기한다(고린도전서 7:7). 이것은 결혼이 선물인 것과 마찬가지다. 독신은 결혼의 부재가 아니라 그 자체로 축복받은 좋은 것이다. 결혼과 독신은 모두 각각의 장점과 단점, 기회와 도전, 슬픔과 기쁨을 가지고 있다.

성경은 독신에 대해 매우 긍정적이다. 예수님이 독신이었다는 사실은 매우 의미심장하다. 그분은 역사상 가장 완전한 인간이자 완벽한 인격이셨다. 그분이 독신이었다고 해서 인간성에 부족함이 있거나 인격이 모자라지 않았다. 결혼은 좋은 점들이 많지만 온전한 인격이 되는 필수조건은 아니다.

독신은 몇 가지 이점을 갖고 있다. 바울은 자명한 사실을 말한다. 독신은 어떠한 "삶의 고달픔"을 모면한다는 것이다(고린도전서 7:28). 결혼 생활과 가정생활이 쉽지 않다고들 하는데 때로는 정말 믿을 수 없을 정도로 힘들기도 하다. 결혼하고 부모가 되면 많은 시간과 에너지가 소모된다.

나는 목사로서 교회 안팎의 다양한 가정들과 많은 시간

을 보내는 편이다. 가족 게임을 함께 하고, 아이들의 숙제를 도와주고, 갓 태어난 아기가 내 품에서 잠드는 모습을 볼 때면 나도 아이를 갖고 싶어진다. 내 가정을 꾸리고 싶은 마음이 드는 것이다.

그러나 정반대일 때도 있다! 무심코 현관에 들어섰다가 집안에서 제3차 세계대전이 발발한 것을 보게 될 때가 있다. 고함과 어수선함과 뜨거운 눈물이 난무한다. 나는 긴장이 되고 불편해서 어떻게 하면 무례해 보이지 않고 재빨리 그 자리에서 도망칠 수 있을까를 궁리한다.(다른 심방이 잡혀있다고 말하고 12분 내에 나오는 것이 가장 좋다.)

이럴 때는 내가 독신의 은사를 받은 것이 무척 감사하다.

독신은 또한 특별한 기회를 제공한다. 바울은 독신으로 살면 하나님께 대한 헌신의 마음이 덜 분산된다고 말한다(고린도전서 7:32-35). 가정생활은 무척 복잡―일이 사방팔방에서 한꺼번에 생긴다―해서 주님께 헌신하기가 참으로 어렵다. 반면에 독신 크리스천은 거리낄 것이 적어서 예배와 사역에 전심으로 임할 수 있다.

독신은 결혼한 사람들보다 친구들과의 교제가 더욱 활발하고, 삶의 방식은 더욱 유연하며, 훨씬 다양한 사역을 자유롭게 수행할 수 있다. 나는 내가 독신이기 때문에 모든 것을 내려놓고 어려움을 겪는 친구들과 많은 시간을 보낼 수 있어서 감사하다. 이것은 무엇과도 바꿀 수 없는 소중한 것이지만 만일 내가 결혼을 했다면 쉽지 않았을 일이다. 다양한 사람들과 좋은 우정을 쌓을 수 있었던 것도 무척 감사하다. 이런 식으로 많은 사람들의 삶에 참여하게 되는 것은 실로 특권이 아닐 수 없다.

독신의 축복

나와 같은 독신들은 하나님께 대한 헌신을 표현하고 더욱 깊어지게 할 수 있는 기회를 최대한 활용해야 한다. 싱글은 족쇄가 아니라 우리와 다른 사람들 모두에게 놀라운 축복이다. 오랜 시간 독신으로 지내는 사람들에게 주어지는 도전과 기회는 계속해서 달라질 것이다. 20대의 독신과 50대의 독신이 경험하는 것은 매우 다르다. 어떤 것은 더 어려워질 것이고, 어떤 것은 더 쉬워질 것이다. 우리가 다른 사람에게 받을 도움과 그들에게 줄 수 있는 도움은 세월이 흐르면서 상당히 바뀔 수 있다.

교회의 역사를 살펴보면 평생 독신으로 산 사람들 가운

데 하나님의 백성과 넓은 세상에 커다란 복이 된 이들이 수없이 많다. 어떤 이들은 선교 사역으로, 어떤 이들은 교회 사역으로, 또 어떤 이들은 친구들과 이웃을 신실하게 섬김으로 축복의 통로가 되었다. 그렇게 쓰임 받는 것은 얼마나 큰 영광인가!

동성애 크리스천이 씨름하는 문제는 무엇인가?

백이면 백 사람마다 모두 다르다. 그중에서 동성애와 씨름하는 사람들이 특별히 힘들다고 호소하는 문제들은 다음과 같다.

외로움: 교회의 행사나 모임 중에는 독신들이 참여할 수 있는 것도 있지만 대부분의 교회 활동은 부부와 가족을 중심으로 진행이 된다. 특히 또래 친구들 대부분이 결혼을 하면 독신들은 자신을 잉여의 존재라고 느끼게 된다.

어떤 사람들은 휴가 기간에 무엇을 해야 할지 몰라 고민한다. 대부분의 사람들이 자기 가족끼리 또는 지인들과 부부 동반, 자녀 동반으로 여행을 가기 때문이다. 내가 아는 한 친구는 홀로 시간을 보내는 것이 너무 고통스러워서 일부러 무리하게 야근을 한다.

일과 사역으로 하루를 채우는 것은 오히려 더 쉽다. 그는 누가 휴가 계획을 물어볼까봐 괜히 두렵다고 했다. 또 어떤 사람들은 날마다 퇴근하고 텅 빈 집에 돌아가는 것을 힘겨워한다. 다른 누군가에게 중요한 사람이 되기도 어렵고, 당신을 특별하게 생각하는 사람을 만나기도 힘들다. 어떤 자매는 "나는 누군가에게 첫 번째 사람이 되고 싶다!"라고 말했고, 또 어떤 사람은 자신을 특별한 존재로 느끼게 해줄 사람이 없기 때문에 생일이 두렵다고 했다.

이런 문제들은 보통 고립과 관련이 있다. 독신 크리스천들에게는 동행이 필요하다. "아무 일도 하지 않고" 그저 함께 할 수 있는 사람 말이다. 나는 자주 방문해서 교제했던 한 가정으로부터 잊을 수 없는 선물을 받았다. 내가 이사를 가게 되었을 때 그들은 이별 선물이라며 예쁘게 포장된 작은 박스를 건넸다. 속에 든 물건은 크지도 않고 비싼 것도 아니었지만 내게는 정말 큰 의미가 있었다. 바로 그들의 집 현관문 열쇠였다. 그것은 내가 혼자가 아니라는 것을 확인해주는 멋진 선물이었다.

74

성적 유혹: 성적 유혹은 대부분의 크리스천들이 씨름하는 문제일뿐더러 보통의 많은 사람들에게도 특별한 고민거리다. SSA를 경험한다고 해서 성적 유혹을 더 느끼거나 덜 느끼는 것은 아니다. 그러나 고민을 나눌 사람이 없을 경우 심각한 문제가 될 수 있다. 홀로 치르는 전투는 더 어려운 법이다.

SSA 성향이 있다고 해서 마주치는 모든 동성에게 매력을 느끼는 것은 아니다. 이성애자들이 지나가는 모든 이성에게 매력을 느끼지 않는 것처럼 말이다. 그러나 특별한 친구에게 깊은 애착을 느끼는 경우는 있다.

어떤 사람들은 육체적 매력보다 감정적 매력에 더 끌린다. 내가 아는 SSA 성향의 몇몇 사람들은 타인에게 의존하는 건강하지 못한 감정 때문에 고심한다. 좋은 친구 관계가 원치 않는 강렬한 갈망의 대상으로 변해 고통스러운 것이다. 한 친구는 이것을 "우정 헤로인"을 복용하는 것과 같다고 묘사했다. 특별한 친구가 자신에게 공감해주면 갑자기 기분이 솟구쳐 올랐다가 그 친구와 분리되면 결핍감에 우울해지는 것이다. 말할 것도 없이, 그럴 때는 의지가 되고 도와줄 수 있는 누군가와 이야기를 나누는 것이 중요하다.

이 문제가 어떻게 하나님의 목적의 일부가 될 수 있을까?

성경은 "하나님을 사랑하는 자 곧 그의 뜻대로 부르심을 입은 자들에게는 모든 것이 합력하여 선을 이룬다"(로마서 8:28)라고 확실하게 말하고 있다. 여기서 "모든 것"에는 우리가 씨름하는 죄악된 성향과 그로 인해 저지른 실수까지도 포함된다. 또한 "모든 것"에는 타락이 없었다면 여기에 있지 않았을 것이고 새로운 창조 세계에는 존재하지 않겠지만, 지금 여기서 하나님이 선을 이루기 위해 사용하실 수 있는 그것이 포함된다. 바울은 이 선善이 어떤 모습인지에 대해 모호하게 말하지 않는다. 우리의 선은 예수님과 같이 되는 것이다.

> 우리가 알거니와 하나님을 사랑하는 자 곧 그의 뜻대로 부르심을 입은 자들에게는 모든 것이 합력하여 선을 이루느니라. 하나님이 미리 아신 자들을 또한 그 아들의 형상을 본받게 하기 위하여 미리 정하셨으니 이는 그로 많은 형제 중에서 맏아들이 되게 하려 하심이니라.(로마서 8:28-29)

하나님의 선한 계획은 수많은 사람들이 그리스도의 형상을 본받게 하는 것에 있다. 이것이 바로 그분이 모든 것을 합력하게 하여 만드시는 선이다. 원치 않는 SSA로 씨름하는 크리스천들에게 이 또한 하나님의 손 안에서 은혜의 도구가 될 수 있다는 사실은 큰 위안이 된다.

바울은 자신의 경험을 통해 이 사실을 알았다. 고린도후서 12장에서 그는 "육체의 가시"를 견디는 것에 대해 말한다.

여러 계시를 받은 것이 지극히 크므로 너무 자만하지 않게 하시려고 내 육체에 가시 곧 사탄의 사자를 주셨으니 이는 나를 쳐서 너무 자만하지 않게 하려 하심이라. 이것이 내게서 떠나가게 하기 위하여 내가 세 번 주께 간구하였더니 나에게 이르시기를 "내 은혜가 네게 족하도다 이는 내 능력이 약한 데서 온전하여짐이라" 하신지라.(고린도후서 12:7-9)

바울은 정확히 이 "가시"가 무엇이었는지 설명하지 않는다. 그것은 만성적 질병이나 반복되는 유혹, 또는 어려운 사람이었을 것이다. 우리는 알 길이 없다. 다만 매우 견디기

힘든 일이었기에 바울은 그것이 떠나가게 해달라고 "간구" 했다.

바울은 그 가시가 하나님께로부터 왔다고 말한다. 그것은 바울이 자만해지는 것을 막기 위해 "주어진" 것이다. 그래서 그는 가시가 떠나가게 해달라고 하나님께 간구하는 것이다.

한편 바울은 가시를 "사탄의 사자"라고 묘사하면서 그로 인한 고통을 토로한다. 바울의 가시 자체는 결코 좋은 것이 아니다. 그러나 하나님은 그 가시가 바울의 삶에 남아있게 하셨다. 하나님의 목적은 그로부터 선이 이뤄지는 것이다. 바울을 향한 하나님의 뜻은 고통에서의 해방이 아니라 그가 하나님의 은혜가 충분하다는 것을 깨닫게 하는데 있었다.

이런 대목은 SSA와 씨름하는 크리스천들에게 큰 용기를 준다. 어떤 이들에게는 매우 고통스러운 싸움일 수 있다. 또 어떤 이들에게는 이 싸움이 매우 길게 지속될 수 있다. 그러나 하나님의 뜻 안에서는 결코 쓸데없는 경험이 아니다. 그 문제를 통해 우리는 좀 더 그리스도를 닮아갈 수 있고, 그분의 큰 은혜를 더 잘 깨달을 수 있다. 우리에게 이보다 더 나은 것은 없다. SSA와의 싸움에서 크리스천의 "승리"는 유혹이 사라지는 게 아니라 그 와중에도 예수님이 더욱 존귀하게 되는 것이다.

동성애 감정과의 씨름은 말 그대로 '씨름'일 뿐이지만 내가 아는 많은 크리스천들은 하나님께서 그들의 경험을 통해 선한 것을 끌어내셨다고 증언한다. 어떤 이들은 주님께서 더욱 타인을 불쌍히 여기고 세심하게 살필 줄 아는 마음을 주셨다고 말한다. 누군가는 그로부터 사역의 기회를 얻어 동일한 문제로 씨름하는 이들을 지지하고 격려할 수 있게 되었고, 또 누군가는 전통적인 교회가 접근할 수 없는 게이 공동체의 사람들과 신앙을 나눌 기회를 얻었다. 무엇보다도 그들이 한목소리로 증언하는 것은 혼란과 불안으로 가득했던 그 씨름을 통해 하나님의 한없는 선하심을 더 깊이 깨닫게 되었다는 것이다.

구약의 율법을 취사선택해서
적용하는 것은 아닌가?

○

돼지는 굽이 갈라져 쪽발이로되 새김질을 못하므로 너희에게
부정하니.(레위기 11:7)

양 털과 베 실로 섞어 짠 것을 입지 말지니라.(신명기 22:11)

너는 여자와 동침함 같이 남자와 동침하지 말라 이는 가증한
일이니라.(레위기 18:22)

크리스천들이 동성애는 반대하면서 음식이나 의복과 관
련된 성경의 많은 규율을 무시하는 것은 일관성이 없어 보
인다. 외견상 설득력 있는 주장처럼 보인다. 나는 방금 점심
으로 돼지고기를 먹고 혼방 소재의 셔츠를 입고 이 글을 쓰
고 있다. 이 두 가지는 구약성경에서 하나님의 백성에게 금
지되었던 것들이다.

이 반론의 문제점은 우리가 구약 율법의 모든 조항에 동

일한 방식으로 접근해야 함을 전제하는 것이다. 사실 구약에 대한 올바른 기독교적 견해는 그와 미묘한 차이가 있다.

구약은 편평한 풍경이 아니다. 단지 똑같은 구속력을 지닌 교훈과 규정들을 나열한 모음집이 아니다. 구약은 특별한 형태를 지니고 있고, 그 형태의 윤곽과 강조점과 우선순위는 예수님에 의해 정리되고 성취되었다. 그분은 이렇게 말씀하셨다.

> 내가 율법이나 선지자를 폐하러 온 줄로 생각하지 말라 폐하러 온 것이 아니요 완전하게 하려 함이라.(마태복음 5:17)

예수님은 율법을 지나간 시대의 유물로 폐기하거나 그것을 강화하고 지키려고 오신 것이 아니다. 또한 율법의 일부만을 성취하려고 오신 것도 아니다. 율법 무더기를 샅샅이 살펴서 지금도 여전히 작동할 수 있는 명령만을 핀셋으로 골라내신 게 아닌 것이다. 예수님은 율법 전체에 대해 무언가를 행하려고 오셨다. 예수님의 생애와 사역을 따라가 보면 그분이 율법의 다양한 요소들을 다양한 방식으로 성취하신다는 것을 확인할 수 있다.

예수님은 정결 규례와 음식 규례에 마침표를 찍으셨다. 그분은 모든 음식이 깨끗하다고 선언하셨고(마가복음 7:19, 사도행전 10:9-16), 나병환자와 시체를 만지셨으나 부정하게 되지 않으셨다.

예수님은 그의 몸을 참된 성전이라고 하셨고, 그의 죽음을 죄에 대한 궁극적 희생 제사라고 말씀하셨다(요한복음 2:21, 누가복음 22:19-20). 그분의 죽음은 성전과 제사 제도에 대한 구약의 규정들을 무용하게 만듦으로써 우리가 하나님께로 나아갈 수 있는 길을 열어주었다.

예수님은 하나님의 백성를 다시 만드셨다. 구약에서 하나님의 백성은 한 민족 국가였으나, 신약에서는 세속 정부의 지배를 받는 전 세계의 수많은 지역교회로 구현된 공교회를 뜻한다. 그러므로 구약에서의 하나님 나라 백성들의 생활과 관련된 율법(중대한 죄를 죽음의 형벌로 다스리는 것과 같은)을 오늘날의 성도들에게 똑같이 적용할 수는 없는 것이다.

죄가 없으신 예수님의 삶은 율법이 요구하는 모든 도덕적 요건을 완전히 충족시키셨다. 그분과의 연합을 통해 성령을 따라 사는 우리도 "율법의 요구를 완전히 이루게" 되는 것이다(로마서 8:4). 마찬가지로 우리가 사랑하며 사는 것은 구약의 도덕법이 가리키던 것을 이루는 방법이 된다(로마서 13:8). 우리에게 사랑의 삶이 무엇인지 설명하기 위해 구약의 여러 도덕법들을 신약에서 다시 풀어내고 있는데, 거기에는 성 윤리와 관련된 것들도 포함되어 있다.

티모시 켈러Timothy Keller가 그 내용을 다음과 같이 정리했다. "그리스도의 오심으로 우리의 예배 방식은 바뀌었지만 생활 방식은 바뀌지 않았다. 도덕법은 하나님의 성품—온전하심, 사랑, 신실하심과 같은—을 잘 드러내고 있다. 그러므로 이웃을 사랑하고 가난한 자를 돌보는 것, 우리의 소유물을 관대하게 베푸는 것, 사회적 관계나 가족에 대한 헌신 등에 관한 구약의 가르침은 지금도 유효하다. 신약성경은 여전히 살인이나 간음을 금하고 있고, 구약의 모든 성 윤리를 다시금 언급한다(마태복음 5:27-30, 고린도전서 6:9-20, 디모데전서 1:8-11). 신약성경이 어떤 계명을 재차 강조했다면, 그것은 오늘날 우리에게도 여전히 유효한 것이다."

우리는 구약의 모든 텍스트를 똑같은 방식으로 존중하지

않는다. 다만 예수님을 본받을 뿐이다. 구약의 모든 율법을 따르지 않는 것은 예수님께서 죽음으로 그것들을 성취하셨다고 말씀하셨기 때문이다. 우리가 구약의 율법에 얽매이면 십자가의 능력을 약화시키는 것이다. 그러나 성 윤리에 대한 구약의 가르침은 신약에서 반복해서 언급되고 있고, 그것은 오늘날의 크리스천들에게도 여전히 구속력이 있음을 의미한다.

동성 간 끌림을 느끼는 것은 죄인가?

○

SSA는 좋은 것이 아니다. 그것은 (다른 많은 것과 더불어) 타락의 결과이다. 창세기 3장에서의 타락 이전에는 존재하지 않았고 새로운 창조 세계에도 존재하지 않을 것이다. 이런 종류의 끌림은 하나님이 우리를 위해 계획한 것이 아니고 그분의 설계와 상충된다.

성경에 따르면 유혹은 우리의 타락한 마음에서 오는 것이다. 야고보가 매우 분명하게 말하고 있다.

사람이 시험을 받을 때에 내가 하나님께 시험을 받는다 하지 말지니 하나님은 악에게 시험을 받지도 아니하시고 친히 아무도 시험하지 아니하시느니라 오직 각 사람이 시험을 받는 것은 자기 욕심에 끌려 미혹됨이니.(야고보서 1:13-14)

우리는 유혹을 남의 탓으로 돌릴 수 없다. 물론 하나님께 책임을 물을 수도 없다. 동성애의 유혹은 우리의 타락한 본성을 반영할 뿐이다.

그러나 유혹 그 자체를 회개해야 할 죄라고 말할 수는 없다. 크리스천들은 언제나 유혹과 죄를 구별해왔다. 예수님도 제자들에게 이렇게 기도하라고 가르치셨다.

우리가 우리에게 죄 지은 자를 사하여 준 것 같이 우리 죄를 사하여 주시옵고 우리를 시험에 들게 하지 마시옵고 다만 악에서 구하시옵소서.(마태복음 6:12-13)

우리가 간구할 것은 죄의 용서와 유혹으로부터의 구출이

다. 유혹받는 것 자체가 아니라 유혹에 굴복해서 죄를 범한 것을 용서해달라고 구하라는 것이다. 우리는 유혹을 견디며 꿋꿋이 서서 믿음으로 인내하도록 부름을 받았다(고린도전서 10:13).

우리가 동성인 누군가에게 부적절한 끌림을 느낄 때 순간적으로 떠오르는 불결한 생각과 감정에 저항하면서, 그것으로부터 도망치고 싶고 그것을 수용하고 싶지 않다고 고백하고, 하나님의 도움과 이겨낼 힘을 구해야 한다. 그런 경험은 하나님의 설계가 아니고 우리에게 좋지 않음을 기억할 필요가 있다. 우리는 하나님을 영화롭게 하기 위해 싸우는 것이다. 신실하신 그분은 우리가 감당할 수 없는 시험을 허락하지 않으심을 기억하자.

SSA의 경험을 죄라고 말하는 것은 유혹을 느끼는 것 자체가 죄라고 주장하는 셈인데, 나는 성경이 이렇게 말하고 있다고 생각하지 않는다.

이러한 비성경적인 이야기는 당사자들에게 심각한 악영향을 미칠 수 있다. SSA 성향의 많은 크리스천들은 그 결과

커다란 수치심을 느낀다. 그들은 이런 감정이 하나님의 설계의 일부가 아님을 알기에 그런 감정을 느끼지 않기를 갈망하고, 그리스도께 순종하려고 몸부림친다. 내 경험상, SSA를 지닌 크리스천은 이성 간 끌림을 느끼는 이들보다 성적인 문제 앞에서 더 깊은 수치심을 느낀다. 그들이 얼마나 신실하게 견뎌내고 있는지의 여부와 상관없이 이런 유혹의 존재 자체가 회개해야 할 죄라고 이야기를 하면 가뜩이나 매우 연약한 상태의 그들은 쉽게 무너져 버릴 수밖에 없다.

동성애와 교회

|

4장

가만히 생각해보면 교회는 참으로 놀라운 곳이다. 물론 불완전한 모습과 한계도 많다. 특히 동성애 이슈를 진지하게 생각하는 사람들에게는 더욱 그렇게 보일 것이다. 교회가 늘 사랑과 은혜를 대변하는 목소리나 장소가 되었던 것은 아니다.

SSA와 씨름하는 일부 친구들이 다른 크리스천에게 배척을 당했다는 얘기를 들으면 무척 슬프다. 많은 교회들은 여전히 배워야 할 것도, 회개해야 할 것도 많다.

그러나 이러한 모든 부족함에도 불구하고 교회는 놀라운 공동체다. 바울은 이렇게 말했다.

|

그것은 이제 교회를 통하여 하늘에 있는 통치자들과 권세자들에게 하나님의 갖가지 지혜를 알리시려는 것입니다.(에베소서 3:10, 새번역)

이 땅 위의 교회는 영적인 세계에 하나님이 어떤 분이신지를 보여주는 시각적 도구이다. 하나님은 그의 백성들을 통해 하늘의 모든 통치자들에게 그들 중 누구보다도 하나님이 더 지혜로우시다는 것을 보여주기로 작정하셨다. 이것은 우리에게 큰 격려가 된다. 크리스천 공동체가 주변 사람들에게 줄 수 있는 영향력을 과소평가하면 안 된다. 각 교회는 하나님의 성품과 뛰어난 지혜를 세상에 드러낼 수 있는 굉장한 기회를 갖고 있다. 동성애의 문제도 결코 예외가 아니다.

게이 커플이 우리 교회에 온다면 어떻게 해야 할까?

어떤 사람이 처음으로 교회에 온다면 그것은 커다란 복이자 기회이다. 그들이 다른 지역이나 다른 교회에서 수평 이동한 크리스천이 아니라면, 교회는 그 초심자들에게 복음을 소개할 놀라운 기회를 얻게 되는 것이다. 그들이 게이 커플이든, 이성 커플이든, 다른 어떤 누구든 상관이 없다. 모든 사람은 죄인이고, 모두는 하나님의 은혜가 필요하다.

때로 크리스천들은 게이 커플이 교회 문에 들어오는 순간 성^性의 문제를 제기할 필요가 있다는 위험한 생각을 한다. 그 문제를 즉시 제기하면서 그들에게 성경의 가르침을 알려줘야 한다고 생각하는 것이다. 사실은 그렇지 않다.

다음의 경우와 비교를 해보면 도움이 될 것이다. 어떤 이성 커플이 교회에 왔는데, 그들을 환영하고 대화를 나눠보니 두 사람이 결혼을 하지 않고 동거하는 관계라는 것을 알게 되었다고 해보자. 그럴 경우에 나는 바로 동거의 단점에 대해 성경이 말하는 바를 그들과 토론할 필요성을 느끼지 않을 것이다. 물론 머릿속으로는 나중에 적절한 때에 이 문제를 다뤄야겠다고 생각할 것이다. 그러나 그들이 교회 생활을 막 시작하는 시점에 그 문제를 논의할 필요는 없다. 만약 그들이 먼저 이야기를 꺼낸다면 물론 나는 반응을 보일 것이다. 그러나 나의 일차적 관심은 그들이 환영받고 있고 그들이 와서 우리가 기쁘다는 사실을 알리고, 교회가 평소 늘 해오던 사역을 통해 그들이 복음을 듣게 하는 것이다.

달리 말해서 나는 언저리에서 시작해서 안으로 들어가기 보다는 중심으로부터 바깥으로 나가기를 원한다.

여기서 중심이란 그리스도의 죽음과 부활을 말한다. 하나님은 이를 통해 자신을 가장 온전하게 계시하시고, 우리는 그분의 영광을 가장 명료하게 볼 수 있다(요한복음 17:1). 또한 하나님은 이를 통해 자신의 사랑과 의와 능력과 지혜를 가장 분명하게 드러내신다(로마서 5:8, 3:25-26, 고린도전서 1:18, 24). 내가 가장 바라는 것은 사람들이 이 진리를 알게 되는 것이다. 그들이 십자가와 부활의 하나님에게 압도되는 것이다. 일단 그들이 이 진리에 사로잡히면 나는 하나님을 믿는다는 것이 무슨 뜻인지 깊이 생각해볼 수 있도록 도울 것이다. 엉망진창인 우리의 성 문제를 포함해서 그분께 양도할 것이 무엇인지 생각하도록 말이다.

나는 우리의 대화가 그들의 성에서 시작해서 복음으로 향하기보다는 복음의 맥락 안에서 나눠지기를 바란다. 그들은 예수님이 무엇을 요구하는지 알기 전에 그분이 누구신지를 알아야 한다. 상대방이 하나님의 은혜를 아직 모르는데 하나님의 은혜의 빛 가운데 사는 법을 얘기하는 것은 의미가 없다. 게이 커플이 교회에 왔을 때 그들에 대한 나의 우선순위는 다른 모든 사람에게 대하는 것과 동일하다. 그들로 하여금 복음을 듣게 하고 신앙 공동체의 환영을 받게 하는 것이다.

교회는 이 문제에 직면한 크리스천을 어떻게 도울 수 있을까?

교회가 SSA 성향의 크리스천을 도울 수 있는 방법은 여러 가지다.

1. 쉽게 얘기할 수 있는 분위기를 만들어라

목사뿐만 아니라 교인들까지도 동성애 문제는 정치적 이슈에 그치지 않고 개인적 쟁점임을 알아야만 한다. 교회 공동체 안에 이 문제로 씨름하는 사람들이 존재한다는 것을 인식해야 하는 것이다. 이 문제가 교회 수면 위로 떠올랐을 때, 이것은 크리스천들 역시 씨름할 수 있는 문제임을 인정하고 교회는 그런 형제, 자매들과 나란히 걸을 준비를 갖춰야 한다.

많은 크리스천은 아직도 동성애에 대해 경멸하듯 얘기해서 상처를 준다. 크리스천들(심지어는 교회의 리더들) 중에 본인이 싫어하는 것을 묘사할 때 "게이 같다^{That's so gay}"라고 표현하는 것을 나는 수없이 봤다. SSA와 씨름하는 형제, 자매들이 이런 말을 들으면 더더욱 마음을 열 수 없다. 내가 처음으로 나의 경험을 교회 친구들에게 털어놓았을 때, 그들은 과거에 자기들이 동성애와 관련해서 내뱉었던 말들에 대해 사과하고 싶어 했다. 무심코 뱉었던 말들이 큰 상처를 남길 수 있다는 사실을 깨달은 것이다.

사람들이 SSA 이슈들에 관해 안전하게 얘기하도록 돕는 열쇠는 우리가 크리스천으로서 경험하는 일반적인 고민과 약점을 자유롭게 나눌 수 있는 열린 문화이다. 목사이자 저자인 티모시 켈러는 교회가 의사를 기다리는 대기실처럼 느껴져야지, 취업 면접을 기다리는 대기실과 같으면 안 된다고 말했다. 후자의 경우는 최대한 유능하고 인상적인 모습을 보여주기 위해 약점을 감추게 된다. 반면에 진료 대기실은 모두 아프고 도움이 필요한 사람들이 모인 곳이다. 교회 안에서 일어나는 일들이 바로 이런 모습에 가까운 편이다.

당연히 크리스천은 연약하다. 우리는 하나님의 은혜와 관대하심에 의존한다. 우리는 "마음이 가난하다"(마태복음 5:3). 우리의 이런 연약함을 나눌 수 있는 곳이 건강한 교회이다.

그러므로 우리는 크리스천 삶의 어려운 문제들을 솔직히 나눌 수 있는 문화를 만들기 위해 최선을 다해야 한다.

다만 한 가지 조심할 점이 있다. 우리가 성적인 문제에 대해 쉽게 얘기할 수 있다고 해서 항상 그것에 대해서만 얘기해서는 안 된다. 때때로 교인들에게 어떻게 지내는지 물어볼 필요는 있지만, 만날 때마다 성적인 고민에 대해서만 얘기한다면 문제가 될 수 있다. 자칫하면 이 문제가 그들의 정체성을 규정한다는 잘못된 생각을 심어줄 수 있고, 그들이 겪는 다른 이슈들을 간과할 소지도 있다. 성적인 문제는 그들이 씨름하는 가장 큰 이슈가 아닐 수도 있다.

2. 독신의 삶을 존중하라

결혼이 현실적으로 가능하지 않은 이들은 독신으로 부름받았음을 인정할 필요가 있다. 교회 공동체는 독신을 하나의 은사로 존중할 필요가 있고, 부지중에 독신의 삶을 깎아내리지 않도록 조심해야 한다. 독신에 대해 생각하거나 말할 때 그들을 무언가 부족한 존재로 여겨서는 안 된다. 또한 모든 독신들이 독신인 것은 결혼 상대를 찾는 일에 너무 게을렀기 때문이라고 생각해서도 안 된다.

내가 예전에 만난 어느 목사는 내가 독신인 것을 알고는 지금쯤은 벌써 결혼했어야 하는 나이라며 이 잘못된 상황을 바로잡기 위해 내가 당장 어떤 조치를 취해야 하는지 단계별로 설명하기 시작했다. 그는 매우 직설적이었다. 내가 눈물을 흘리면서 동성애와 씨름하고 있다고 말하니까 그제야 비로소 뒤로 물러섰다. 이것은 그렇게까지 해서 인정받아야 하는 일이 아니다. 독신은 어른이 되기를 뒤로 미룬 징표 따위가 아님을 우리 모두 인지해야 한다.

3. 교회는 가족임을 기억하라

바울은 지역교회를 "하나님의 집"이라고 반복해서 말한다(예, 디모데전서 3:15). 교회는 하나님의 가족이고, 크리스천들은 서로에게 가족이 되어야 한다.

그래서 바울은 디모데에게 늙은이를 대할 때 아버지에게 하듯 하며, "젊은이에게는 형제에게 하듯 하고 늙은 여자에게는 어머니에게 하듯 하며 젊은 여자에게는 온전히 깨끗함으로 자매에게 하듯 하라"(디모데전서 5:1-2)고 격려한다. 교회 안에서는 서로를 직계가족처럼 여겨야 한다. 교회 안의 핵가족은 더 넓은 교회 가족의 조언과 관심이 필요하다. 본래 모두는 자립적인 존재로 설계되지 않았기 때문이다. 자신의 가정을 다른 이들에게 열어놓는 이들은 서로에게 큰 축복이 있음을 알게 된다.

독신들은 가정생활의 기쁨을 조금 경험하게 되고, 자녀들은 다른 크리스천 어른들로부터 유익을 얻게 되며, 부모들은 자신을 지지해주는 다른 이들로부터 격려를 받게 된다. 모든 가족은 다른 이들에게 가정을 열어놓음으로써 그리스도를 섬긴다는 것이 무슨 의미인지 배우게 된다.

4. 문화적 고정 관념보다는 성경이 제시하는 남성성과 여성성에 대해 다루라

SSA 성향의 사람은 본인이 남성이나 여성에 대한 일반적인 기대치에 못 미친다는 생각 때문에 고민한다. 그래서 교회가 피상적인 문화적 고정 관념을 강조하면 그런 생각이 더 강하게 들고 고립감이 생길 수 있다.

예를 들어, 누군가가 남자들은 스포츠를 즐기거나 집안 수리를 떠맡아야 하고, 여자들은 수공예나 "시시콜콜한 수다"를 좋아한다고 말한다면 그것은 성경적인 남성상과 여성상을 간과하고 문화적 고정관념을 얘기한 것이다. 이런 접근은 사람들로 하여금 문화가 간과하는 성경적인 남성 이미지와 여성 이미지를 놓치게 할 수 있다.

5. 적절한 목회적 지원을 제공하라

SSA 성향의 사람들을 목회적으로 돌보는 일은 조직적이지는 않아도 눈에 보이게 할 필요가 있다. 오늘날 많은 교회들이 그들을 위한 전문 지원팀이나 멘토링, 기도 파트너 제도를 운영한다.

SSA 성향의 사람들에게 교회가 그들을 지원하고 도울 준비가 되어 있으며 이 사역에 참여하고픈 통찰력 있는 사람들이 꽤 있다는 것을 알릴 필요가 있다. 해결해야 하는 이슈들, 공부해야 하는 성경 본문, 온유한 결단과 돌봄이 필요한 상황이 있을 수 있다. 좋은 친구 관계를 개발하고 서로 책임지는 것도 필요하다. 그리고 장기적으로 함께할 공동체도 필요할 것이다. 이런 것들은 각 지역교회가 가장 잘 제공할 수 있다.

내가 가까운 친구들에게 동성애 감정과 싸우고 있다고 고백하기 시작한 것은 몇 년 전이다. 꽤 시간이 걸리는 과정이었고 어떤 면에서는 감정적으로 매우 고갈되는 경험이었다. 그래도 그것은 이제껏 살면서 가장 잘 한 일중에 하나였다. 그토록 개인적인 일을 다른 누군가와 나누는 것은 굉장한 신뢰를 전제하는 행위이고, 거의 모든 경우에 친구 관계를 더 깊고 두텁게 만들어줬다. 가까운 친구들과 더욱 가까워졌다. 내가 친구들에게 마음을 열고 개인적인 문제를 나눴더니 그 친구들도 나에게 이전보다 더 마음을 열기 시작했다. 결과적으로 우리는 멋진 교제의 시간을 가졌다.

아울러 성적인 이슈를 교회 가족들과 공개적으로 나눈 것도 수년 전의 일이다. 다시 말하지만, 그렇게 한 것은 큰 축복이었다. 나는 굉장한 지원을 받았다. 사람들은 어떻게 나를 돕고 격려할 수 있는지 물었고, 많은 이들이 날마다 나를 위해 기도한다고 말해주었다. 어떤 이들은 내가 그와 같은 문제를 나눴던 것이 그들에게 얼마나 큰 의미가 있었는지를 얘기해줬다. 그래서 나는 다른 사람들이 색안경을 끼고 나를 보지 않는다는 것을 알게 되었고 큰 격려를 받았다. 사랑과 지지를 듬뿍 받았을 뿐 아니라 모든 것이 금방 평소대로 돌아갔다.

(우리 교회의 다수와 같이) 어떤 크리스천들은 SSA와 싸우는

동료 크리스천들에게 어떻게 반응해야 할지를 본능적으로 아는 것 같다. 그러나 우리에게 게이임을 밝히는 교회 밖의 사람들에게도 동일하게 반응하는 것은 아니다.

그러면 올바른 반응은 무엇일까? 이 문제와 관련해서 크리스천들은 어떻게 사회에 빛과 소금이 될 수 있을까? 이것이 마지막 장의 주제이다.

크리스천들은 이 문제에 대한 견해 차이를
인정할 수 없는가?

○

오늘날 어떤 형태의 동성애 행위는 하나님께 용납 받을 수 있다고 주장하는 크리스천들과 교회 지도자들이 있는 반면, 그보다 많은 이들은 내 입장과 같이 어떤 형태든 모든 동성애 행위는 하나님이 금지하셨다고 주장한다. 교회와 더 넓은 크리스천 공동체 안에서 우리는 복음으로 연합하면서도 어떤 이슈들에 관해서는 의견을 달리할 수 있다. 마찬가지로 동성애 이슈에 대해서도 크리스천들은 정당하게 의견을 달리할 수 있지 않을까?

성경은 어떤 이슈들에 대해서는 이견을 허용한다. 로마서 14장에서 바울은 "논란의 여지가 있는 문제들"을 두고 독자들에게 각각 마음대로 정하라고 말한다(로마서 14:5). 반면 결코 협상할 수 없는 이슈들에 대해서도 언급한다. 그것은 복음 자체를 위태롭게 만들 수 있는 이슈들이다. 고린도전서 15장에서 바울이 독자들에게 상기시키는 "첫 번째로 중요한" 문제는 바로 복음적 신앙의 핵심이었다(고린도전서 15:1-11). 그러면 동성애는 어느 범주에 속하는가? 그것은 복음에 영향을 미치는가? 다음 두 단락은 동성애가 복음적 쟁점임을 가리킨다.

앞서 살펴보았듯이, 바울은 독자들에게 불의한 자는 하나님 나라에 들어가지 못한다고 경고하는 맥락에서 동성애 행습에 관해 얘기한다(고린도전서 6:9). 그는 이 범주에 동성애 행위를 하는 사람들을 포함시킨다. 그들은 다른 모든 불의한 자들과 함께 멸망을 향해 걷고 있다. 그들의 유일한 소망은 복음이며, 복음은 새로운 정체성과 옛 생활방식에 대한 회개를 수반하기 마련이다. 이 진리를 부인하면 무거운 결과가 따른다. 어떤 종류의 동성애 행위는 괜찮다고 가르치는 교회 지도자는 사실상 사람들을 멸망의 길로 보내는 셈이다. 이는 크리스천들이 의견을 달리할 수 있는 세례나 영적 은사의 사용과는 다른 종류에 속한다. 동성애 행위는 복음을 매우 위태롭게 만든다.

요한계시록 2:20-21에서 두아디라 교회는 거짓 선생을 용납하여 예수님께 책망을 받는다. "그러나 네게 책망할 일

이 있노라 자칭 선지자라 하는 여자 이세벨을 네가 용납함
이니 그가 내 종들을 가르쳐 꾀어 행음하게 하고 우상의 제
물을 먹게 하는 도다 또 내가 그에게 회개할 기회를 주었으
되 자기의 음행을 회개하고자 하지 아니하는 도다."

이 사람은 교회 안에서 다른 사람들을 선동하여 성적인
죄에 빠지게 했다. 예수님은 그녀와 회개하지 않는 추종자
들을 심판하겠다고 확언하신다(22절). 그런데 책임이 그들에
게만 있는 것은 아니다. 교회―그녀를 좇지 않은 다수가 포
함되어 있는―가 그녀를 용납한다고 책망을 받는다. 그러
므로 우리는 교회에서 사람들을 성적인 죄로 이끄는 내용을
가르치는 자들을 용납하면 안 된다. 우리는 그런 자들과 맞
서고 그들의 사역을 금하고 그들의 가르침을 반박해야 한
다. 이는 복음의 문제이다. 만일 우리가 이 문제에 대한 견
해 차이를 인정한다면 예수님은 우리를 책망하실 것이다.
어떤 형태의 용납은 죄가 될 수 있다.

성에 대한 기독교의 견해는
위험하고 해롭지 않은가?

○

흔히 성과 결혼에 대한 전통적인 기독교의 견해에 퍼붓는 공격 중의 하나는 개인들에게 심한 피해를 준다는 것이다.

누군가의 성을 부정하는 것은 그 사람의 존재 자체를 부정하는 것으로 여겨진다. 이는 그들의 정체성을 형성하는 가장 중요한 부분, 즉 꽃을 피우는 능력을 억누르는 것이라고 말한다. 이는 누구에게나 해롭지만, 특히 성장기에 자신의 성적 특징을 받아들이려고 애쓰는 십대들에게 더욱 해롭다는 것이다. 십대 동성애자들이 발육 장애를 겪고 죄책감에 시달리거나 자살을 하는 것은 기독교 탓이라고 주장한다.

이런 비판을 가장 강력하게 제기한 사람은 아마도 단 세비지Dan Savage일 것이다.

"신실한 크리스천들의 입술에서 나오는 비인간적인 편협

함은 이성애 아이들에게 학교에서 동성애 아이들을 말로 학대하고 모욕하고 정죄할 수 있는 면허를 준다. 그들은 동성애 아이들에게 죽고 싶은 절망감을 안겨준다. 그런데 뻔뻔스럽게도 당신들은 나에게 말조심할 것을 요구한다."

이것이 매우 심각한 고발임은 말할 것도 없다. 이로 인해 많은 크리스천들이 사람들에게 이토록 나쁜 영향을 미치는 견해라면 그것이 틀린 것이 분명하다고 여기기 시작했다. 이런 자기혐오와 절망을 초래하는 것은 무엇이든 하나님의 진리가 낳은 열매일 수 없다.

우리가 먼저 짚어야 하는 것은 최근 젊은이들 중에 절망감을 느껴 자살을 하고, 그들의 고통을 기독교 반동성애 운동의 직간접적인 압박 탓으로 돌리는 경우가 틀림없이 존재한다는 사실이다. 이것은 실제 상황이다. 교회 안팎의 젊은이들은 이 이슈를 놓고 몹시 아파하고 있다.

자신의 성적 문제 때문에 그런 절망감을 느끼는 것이 얼마나 커다란 비극인지를 도대체 누가 부정할 수 있겠는가? 크리스천들은 하나님이 모든 인간의 생명에 최고의 가치를 두신다는 걸 알기에 누구보다도 더 슬퍼해야 한다. 크리스천들은 젊은이들이 그런 고통 가운데 있다는 말을 들으면 누구보다도 먼저 관심을 기울여야 한다. 특히 기독교 가정에서 자랐고 지역교회의 일원이라면 더욱 그래야 할 필요가 있다.

일부 신자들은 행동과 말로 게이들을 모욕해왔고, 그렇게 하는 것이 왠지 그리스도의 대의를 진전시키는 것이라고 여겨왔음을 인정해야 한다. 그런 행동은 어떤 식으로든지 크리스천다운 모습이 아니다. 그것은 예수님의 메시지와 본보기를 따르는 게 아니라 오히려 거역하는 것이다.

그러나 그런 개인적 고통이 동성애 이슈에 대한 성경의 전통적인 가르침이 낳는 불가피한 결과라고 말하는 것은 옳지 않다. 물론 성령이 죄를 깨닫게 하실 때 큰 고통이 수반될 수 있다. 하나님께서 우리로 하여금 얼마나 많은 죄를 지었는지 인식하게 하시면 일종의 자기혐오가 생길 수도 있다 (에스겔 36:31을 보라). 그러나 하나님이 참으로 일하시면 그런 우리를 결코 그냥 내버려 두시지 않는다. 하나님이 우리의 죄를 깨닫게 하시는 것은 우리를 회복시키기 위해서다. 성령이 우리를 깨뜨리시는 것은 하나님의 뜻대로 우리를 온전한 상태로 되돌리기 위함이다. 예수님은 우리가 그분 안에서 안식과 위로를 얻게 될 것이고, "상한 갈대를 꺾지 아니할" 것이라고 약속하셨다(마태복음 11:28-29, 12:20).

누군가 당신에게 성적 욕구가 충족되지 않으면 살 만한 가치가 없다고, 섹스가 없는 인생은 인생이 아니라고 말한다면 그것은 예수님의 가르침이 아니다. 누군가의 성적 성향은 그 사람이 누군지를 말해주는 근본 요소이고, 그들의 특별한 성향을 긍정하지 않는 것은 존재의 핵심을 공격하는 것이라는 주장은 성경적 기독교가 아니다. 이 모두는 성경적 기독교의 견해가 아니라 서구 문화의 왜곡된 인간관에서 나온 것이다. 만일 당신이 어떤 우상을 숭배하다가 실망하는 일이 생겼다면, 정말 원망할 대상은 그 우상을 예배하도록 강권한 사람이지 우상을 제거하기 위해 애쓴 사람이 아니다.

예수님의 가르침은 두 가지 역할을 한다. 하나는 섹스를 제한하는 것이고, 다른 하나는 섹스의 중요성을 상대화시키는 것이다. 하나님께서 섹스를 선물로 주셨다는 맥락에서는 섹스의 가치가 우리의 생각보다 훨씬 더 큰 것이지만, 그럼에도 불구하고 섹스는 근본적인 것이 아님을 예수께서 보여주신다. 섹스는 강력한 충동이다. 그러나 우리를 온전하게 하거나 번영케 하는 핵심 요소는 아니다. 예수님은 이것을 그의 가르침과 생활방식을 통해 보여주셨다. 어쨌든 예수님—모든 사람 중에 가장 온전한 인간—은 금욕적인 독신으로 살지 않으셨는가!

복음은 성적인 죄를 지은 모든 사람이 용서받을 수 있음을 보여 준다. 또한 섹스가 인간 완성의 본질적인 요소라는 사고방식에서 우리를 해방시켜준다. 어느 누구도 자신의 모든 행복을 성적인 행운에 맡길 필요가 없다고 말하는 복음의 메시지는 나쁜 소식이 아니라 좋은 소식이다. 그것은 해로움에 이르는 길이 아니라 온전함에 이르는 길이다.

동성애와 세상

|

5장

기독교의 메시지는 누구에게나 최고의 소식이다. 이 메시지에는 우리의 상상을 초월하는 용서와 사랑의 하나님에 대한 모든 것이 담겨 있다. 우리 크리스천들은 세상의 모든 사람들이 이 메시지를 듣게 되기를 바란다. 그러나 이것을 전하는 일이 항상 쉽지만은 않다.

  복음에는 많은 사람들이 듣기 어려워하는 날카로운 모서리가 여럿 있다. 오늘날 그 모서리 중 가장 날카로운 것으로 여겨지는 것이 성에 대한 성경의 가르침이다. 그래서 일부 크리스천들은 바깥세상의 요구에 더 잘 부응하고, 그들에게 "그럴듯하게" 보이게 하려고 성경의 가르침에 대한 의견을

|

달리하게 되었다.

이런 반응이 경건하지 않다고 생각하면서도 많은 크리스천은 여전히 그 문제에 대해 어떤 말과 행동을 해야 하는지 잘 모른다. 물론 우리는 복음이 모든 사람을 위해 주어진 것이고, 하나님의 방법이 최선의 방법임을 알고 있다. 그렇다면 우리는 동성애에 대한 기독교의 견해를 어떻게 세상에 권할 수 있을까?

비기독교인 친구가 나에게 자신이 게이라고 말했다. 나는 어떻게 반응해야 할까?

다른 사람에게 본인이 게이라고 말하는 것은 굉장한 모험이다. 더구나 그 대상이 크리스천이라면 더욱 큰 용기가 필요하다. 대부분의 사람은 크리스천들이 동성애를 반대하기 때문에 동성애자들까지도 배척할 것이라고 생각하기 때문이다.

당신이 가장 먼저 해야 할 일은 그토록 개인적인 사정을 당신에게 말해줘서 고맙다고 말하는 것이다. 그런 말을 들을 수 있는 것은 하나의 특권이다.

아울러 중요한 것은 당신이 그들을 배척할까 봐 두려워하지 않아도 된다고 안심시켜 주는 일이다. 그들이 게이라고 해서 미워하거나 친구 관계를 끊을 필요는 없다. 그들이 당신의 의견을 묻는다면, 성적인 문제에 대한 크리스천들의 입장은 일반적인 사고방식과는 좀 다른데 언젠가 그 문제에 관해 기꺼이 대화를 나눠보고 싶다고 말하는 것이 좋다. 지금은 적기가 아닐 수 있기 때문이다.

그들의 이야기를 귀 기울여 들어주자. 그들의 동성애 경험과 관련해 몇 가지 물어보는 것도 좋다. 어떻게 본인의 성향을 자각하게 되었는지, 친구와 가족 등 다른 사람들이 어떤 반응을 보였는지, 그동안 가장 힘들 때는 언제였고 지금은 괜찮은지 등등 우리는 그들의 굴곡진 이야기에 관심을 가질 필요가 있다.

그들의 배경과 경험에 대해 많이 이해할수록 우리는 그들에게 더 좋은 친구가 될 수 있다. 그들에게는 이따금씩 자기 말을 들어 줄 사람, 기대고 울 수 있는 사람, 믿고 얘기할 수 있는 친구가 필요하다. 그들이 가장 쉽게 다가갈 수 있는 친구가 크리스천이라면 정말 다행이지 않겠는가? 당신이 그들의 성에 대한 이야기를 들었다면, 그것은 관계가 서먹

해질 일이 아니라 더 깊은 관계로 나아갈 기회인 것이다. 우리가 진심으로 관심을 기울이면 그들은 우리가 크리스천으로서 이 문제에 대해 어떻게 생각하는지 물어볼 것이다.

우리가 그들의 이야기에 귀 기울이면 어떻게 그들을 위해 기도해야 하는지 알게 된다. 그들의 상황이 어떻든지 간에 그들에게는 다른 어떤 것보다도 그리스도가 가장 필요하다. 그들이 하나님의 선하심을 볼 수 있게 해달라고 기도하는 것은 그들을 위한 것일 뿐만 아니라 우리 자신을 위한 것이기도 하다. 우리의 우정이 그 선하심을 드러내는 도구가 될 테니까 말이다.

게이 친구에게 그리스도를 소개하는 최선의 방법은 무엇일까?

게이 친구들은 크리스천들이 그들에게 어떻게 반응할지 대충 짐작하고 있기 때문에 우리는 그들의 유익을 구하고, 그들을 배척하지 않는다는 것을 전하기 위해 모든 노력을 기울여야 한다. 적어도 그들을 더 알아가기 위해 시간을 내고 그들의 이야기를 주의 깊게 들어주는 노력이 필요하다. 우리는 그들의 게이 친구들보다 그들을 더 사랑하고, 그들이 자신의 동성애를 사랑하는 것보다 그들을 더 사랑할 필요가 있다(이는 기독교 지도자인 알 몰러Al Mohler의 표현이다). 그럴 때 비로소 우리는 그들을 향한 하나님의 크신 사랑을 가리킬 수 있다.

어느 시점에 이르면 그들은 동성애에 대한 크리스천들의 생각을 알고 싶어 할 것이다. 어떻게 설명해야 그들이 방어적이지 않은 태도로 우리의 이야기를 이해할 수 있을지 신중하게 고민해 볼 필요가 있다.

성경의 특정한 진리만큼 중요한 것은 왜 성경이 그렇게 말하고 있는지에 대한 배경을 설명하는 일이다. 그래서 우리는 왜 하나님이 동성애 행위를 축복하실 수 없는지를—그리고 사실은 금하고 계시다는 것을—말해줄 수 있어야 한다. 또한 하나님께서는 우리 몸이 해야 하는 일과 하지 말아야 하는 일에 대해 말씀하실 수 있는 권한이 있고, 그 하나님의 말씀은 선한 것임을 보여주어야 한다.

그리스도께 나아간 모든 사람이 자신에 대해 죽고 그분 안에서 새로운 삶을 살게 되듯, 우리는 동성애자의 회개에도 그동안의 생활 방식을 거부하는 것이 반드시 수반된다는 것을 설명해야 한다.

아울러 우리는 결혼 생활이 현실적으로 가능하지 않은 사람들에게 당신이 유일하게 취할 수 있는 생활 방식은 금욕적인 독신임을 말해주어야 한다. 동시에 모든 하나님의 백성—기혼자나 독신자나 동일하게—은 유일한 남편이신 그리스도와 약혼한 관계이고(고린도후서 11:2), 그리스도와 연합한 사람은 영적으로 그분과 하나(고린도전서 6:17)라는 진리를 놓치지 않아야 한다. 이것은 모든 믿는 자들을 위한 근원적인 진리이다. 이 땅에서의 결혼과 독신의 삶이 동일하게 가리키고 있는 것은 영원한 그리스도와의 연합이다. 결혼의 목적은 우리를 완전히 만족시키는 게 아니라 우리를 만족시켜줄 그분과의 관계를 가리키는 것이다. 독신의 목적은 우리에게 부족함이 없음을 보여주는 게 아니라 부족함이 없으신 그분을 가리키는 것이다. 동성애자가 그리스도께 충성한다는 것은 다른 모든 사람들과 마찬가지로 값비싼 대가를 치르는 일이며 영광스러운 일이라는 것을 알려주어야 한다.

우리는 세상에서 어떻게 효과적인 증인이 될 수 있을까?

서양 문화가 갈수록 더 동성애를 찬성하는 방향으로 기우는 만큼 크리스천들은 기독교의 관점을 권유하는 일에 더욱 실패감을 느낀다. 그러나 낙심하지 않기를 바란다.

성경은 그리스도께서 그의 교회를 세우실 것이고 그분의 통치가 점점 더 커질 것이라고 보증한다(마태복음 16:18, 이사야 9:7). 지금은 비관주의에 빠질 때가 아니다. 사회가 기독교적 기초에서 점점 멀어질수록 교회는 반反문화적 대안이 될 수 있는 기회를 더 많이 얻게 된다.

동성애 이슈뿐만 아니라 다른 모든 것에 있어서 우리를 믿을 만한 증인으로 만들어 주는 것은 좋은 공동체와 명료한 메시지다. 우리는 복음에 대해 확실한 태도를 가질 필요가 있다. 복음이 모든 사람을 위한 좋은 소식이라는 것에 대한 확신 말이다. 복음의 유익을 누릴 수 없을 만큼 타락한 사람도 없고, 복음이 필요 없을 만큼 완전한 사람도 없다. 모든 사람은 죄인이고, 누구도 성적인 죄로부터 자유로울 수 없다는 사실을 분명히 인식해야 한다. 우리 가운데 우월한 입장에 있는 사람은 하나도 없다.

명료한 복음과 함께 필요한 것은 관계를 통한 신뢰이다. 신약성경은 종종 우리 증언의 효력이 공동체의 진정한 사랑과 연결되어 있다고 말한다. 예수님은 이렇게 말씀하셨다.

너희가 서로 사랑하면 이로써 모든 사람이 너희가 내 제자인 줄 알리라.(요한복음 13:35)

바울은 교회를 다음과 같이 묘사한다.

이 집은 살아 계신 하나님의 교회요 진리의 기둥과 터니라.(디모데전서 3:15)

교회가 "진리의 기둥"인 것은 하나님의 진리가 세상으로 나가는 출구이기 때문이다. 교회는 하나님의 진리를 모든 사람에게 전달하는 그분의 도구인 것이다. 또한 교회는 하나님의 가족, 곧 그분의 "집"이기도 하다. 교회가 영향력 있는 기둥이 되려면 영향력 있는 가족이 되어야 한다. 하나님의 백성들이 모이는 지역교회는 복음을 삶으로 구현해야 한다. 교회가 성경의 진리로 충만해야 더 넓은 세상에 하나님의 방법을 전할 수 있게 될 것이다. 예수님께서 제자들에게 "서로 사랑하라"고 하신 것은 그저 참고하라고 덧붙이신 말씀이 아니다. 그것은 교회를 주시하는 세상을 설득하기 위한 그분의 중요한 전략이다.

예수님은 당신을 위해 모든 것을 포기하고 내려놓으면 백배로 돌려받게 될 것이라고 약속하셨다.

예수께서 이르시되 "내가 진실로 너희에게 이르노니 나와 복음을 위하여 집이나 형제나 자매나 어머니나 아버지나 자식이나 전토를 버린 자는 현세에 있어 집과 형제와 자매와 어머니와 자식과 전토를 백배나 받되 박해를 겸하여 받고 내세에 영생을 받지 못할 자가 없느니라."(마가복음 10:29-30)

복음은 인간관계에 있어 값비싼 대가를 요구하면서 동시에 관대하기도 하다. 우리가 내려놓은 것은 예수님으로부터 되돌려 받는 것과 비교될 수 없다. 특히 예수께서 가족에 관해 말씀하셨음을 기억해야 한다. 가까운 가족 말이다. 그분은 먼 친척이 아니라 형제들과 어머니들을 약속하셨다. 우리는 시간과 자원과 애정 등 우리의 모든 소유를 다른 사람과 나누어야 한다. 우리 자신까지도 말이다. 이러한 삶은 예수님이 그럴 만한 가치가 있으신 분임을 보여주는 것이다. 좋은 교회 공동체의 모습과 광장을 향해 외치는 복음의 명료함은 세상으로 하여금 성에 대한 기독교의 견해를 주목하게 만들 것이다.

예수님의 말씀은 우리 모두가 해야 할 일이 무엇인지 알려준다. 우리에게 잘나가는 유명인사나 매력적인 대변인, 굉장한 자산이나 널리 인정받는 사상가는 없을지라도, 우리는 가장 놀랍고 매력적인 형제자매관계를 갖고 있어야한다.

크리스천은 동성 결혼식에
참석해도 될까?

○

서양에서 동성 결혼을 합법화하는 지역이 더 늘어나고 있는 만큼 크리스천은 동성 결혼식에 초대받는 경우가 앞으로 더 많아질 것이다. 우리는 가야 할까, 가지 말아야 할까?

우리는 그리스도처럼 "죄인의 친구"가 되어야 하므로 그들이 결혼식에 초대하기를 원하는 친구가 되도록 애써야 한다. 그러므로 그런 초대에 어떻게 반응할지 고민하는 것은 좋은 문제이다!

동성 결혼식을 올리는 친구들과의 관계에서 우리가 반드시 지켜야 할 두 가지 중요한 사항이 있다. 바로 우리의 증언과 우정이다.

먼저 우리는 하나님이 보시기에 죄라고 생각하는 것을 승인하는 듯 보이지 않도록 조심해야 한다. 동성 결혼식에 참석하면 마치 우리가 그런 결혼을 권유하고 축하하는 것처럼 보일 수 있다. 결혼식에 참석하면서 축하 메시지를 전달하지 않을 수 있을까? 나는 비그리스도인들이 모인 결혼식에 경건한 마음으로 참석한 몇몇 크리스천들을 알고 있다. 그들은 결혼식 참석의 의미를 사람들이 오해하지 않도록 미리 동성 결혼식에 대한 본인들의 입장을 충분히 밝혀두었다. 그러나 대부분의 크리스천들은 선한 양심으로 그런 결혼식에 참석하는 것이 매우 어려울 것이다.

그런데 동성 결혼에 대한 기독교의 공적 입장이 우리가 중요하게 고려해야 하는 유일한 요소는 아니다. 우리는 게이 친구들과의 우정을 지키고 키워나가면서 그리스도의 사랑을 나눌 수 있는 지속적인 기회를 갖기 원한다. 그래서 우리는 동성애 이슈에 대한 하나님의 뜻을 전하는 좋은 증인이 되는 일에 주의를 기울이면서, 동시에 그들과의 우정을 얼마나 소중하게 생각하는지 보여주어야 한다.

초대에 응하는 것이 동성 결혼을 인정한다는 뜻이 된다면, 거절하는 것은 그들과의 우정을 중요하게 여기지 않는다는 뜻이 될 수 있다. 그래서 만일 그들의 결혼식 초대를 거절해야 한다면, 우리는 그와 동시에 우정을 위해 확실한 투자를 할 필요가 있다. 비록 그들의 결혼식에는 참석하지 못하지만, 최대한 빨리 그들을 집으로 초대하는 것도 좋은 방법이 될 수 있다.

결론

―

○

"나는 생명의 떡이니 내게 오는 자는 결코 주리지 아니할 터이요 나를 믿는 자는 영원히 목마르지 아니하리라."(요한복음 6:35)

빵은 내가 염려하는 것이 아니다. 우리 사무실에서 조금만 걸어가면 세 개의 슈퍼마켓이 있고, 샌드위치 가게도 여럿 있다. 빵은 어디에나 있다. 살면서 빵이 필요한데 구하지 못했던 적은 단 한 번도 없다.

그러나 오늘날 세계 많은 나라의 사정은 그렇지 않다. 예수님의 시대에도 마찬가지였다. 빵은 유일한 주식主食이었다. 이것은 모든 사람들이 날마다 무조건 빵만 먹었다는 게 아니라, 빵은 그들이 살아가는 데 필요한 매우 중요한 식품이었다는 뜻이다. 빵이 없으면, 사람들은 죽었다. 그저 단조로운 기본 식품이 아니라 생명을 위한 필수품이었다. 빵이 없으면 생명도 없었다.

이것을 알 때 비로소 우리는 예수님께서 "나는 생명의 떡(빵)이다"라고 말씀하신 것의 진짜 의미를 깨닫게 된다. 그분은 "메인" 요리가 나오기 전에 선택하는 사이드 요리가 아니다. 예수님은 자신이 생명의 주식이라고 말씀하신다. 우리가 진정 살기 위해서는 그분이 필요하다. 빵은 우리의 몸이 작동시켜 주지만, 예수님은 우리의 영혼을 살게 하신다. 그분이 없으면 우리는 영적인 시체에 불과하다.

예수님이 생명의 빵이라는 진리는 오랜 시간 신앙생활을 하면서 친숙했던 개념이다. 언제 처음으로 그 개념을 접했는지, 언제부터 의식적으로 생각했는지는 떠오르지 않지만, 크리스천으로 살아오면서 항상 익숙하게 알고 있던 개념이다.

그러나 내가 동성애 이슈를 깊이 생각하게 되면서 이 소중한 진리는 특별하게 다가왔다. 이전에는 '그분은 빛이시고, 선한 목자시고, 하나님 아버지께 가는 길이시며 그분은 생명의 빵이시다'와 같이 예수님을 소개하는 단순한 비유로만 받아들였다. 그러나 최근에는 점점 예수님이 생명의 빵이시라는 것보다 예수님 그분이 우리들을 위한 생명의 빵이 되신다는 사실이 더 가슴에 와닿기 시작했다. 예수님, 오직 그분만이 우리를 만족시키실 수 있다.

경험상 나는 감정적으로 특별한 친구들에게 지나치게 의존하는 것이 특징이었다. 그런 적이 여러 번 있었다. 평소에 좋은 친구와의 관계는 정상적으로 또 즐겁게 잘 굴러간다. 그러다가 갑자기 그 친구에게 확 끌리는 감정이 일어날 때가 있다. 그들과 어울리면서 그들의 인정과 애정을 얻고픈 심한 욕구를 느끼는 것이다. 이런 감정은 억제하지 않으면 순식간에 커져버린다. 그리고 나도 모르는 사이에 그 사람은 내 삶의 중심이 된다. 이것이 바로 성경이 우상숭배라고 부르는 것인데, 견뎌내기가 매우 힘들다. 이것은 채워질 수 없는 깊은 열망을 불러일으키고 친구 관계에 엄청난 부담을 안겨준다.

그래서 이런 예수님의 말씀을 묵상하면 큰 위안을 받게 된다. 나는 그분의 권위로 나 자신에게 오직 주님만이—어떤 사람이나 친구가 아니라—생명의 빵이시라고 말할 수 있다. 그분은 진실로 그러하시다. 이 진리에 의거해서 살아

갈수록 그것이 진리임이 더욱 확실해진다. 나는 예수님이 과연 그런 분이신지 테스트할 수 있다. 그분은 언제나 우리에게 생명의 빵이 되어주신다는 것을 입증하실 것이다. 예수님이 중심에 계신 삶은 훨씬 더 좋아지지만, 다른 사람이나 사물이 그 중심을 차지할 때는 훨씬 더 나빠진다.

이것은 궁극적으로 복음이 약속하는 바다. 예수께서 우리에게 주시는 큰 선물은 바로 그분 자신이다. 그분은 다른 어떤 목적에 이르기 위한 수단이 아니다. 생명의 빵은 사실 다른 어떤 것인데 어쩌다가 예수님이 그 빵을 나눠주게 되신 것이 아니란 뜻이다. 그분 자신이 이 생명의 빵이다. 예수님은 우리의 깊은 감정적 욕구와 영적 욕구를 만족시키신다. 우리가 고민하는 이슈와 복잡한 문제가 무엇이든 상관없이 우리 모두에게는 그분이 상급이다. 그분 앞에 나오는 사람은 누구든지 풍성한 삶을 찾게 될 것이다.

이 초대는 모든 사람을 위한 것이다. 이 놀라운 선물을 받게 되는 사람 중에 어느 누구를 향해서도 하나님은 결코 "반대"한다고 말씀하지 않으신다. 이것이 복음이라는 선물이 더욱 값진 이유이다.

어떤 크리스천이 동성애자라고 밝히면
나는 어떻게 해야 할까?

○

많은 크리스천들은 자신이 SSA와 씨름하고 있다는 사실을
타인에게 공개하는 것을 어려워한다. 그들이 여전히 SSA 감
정에 동의하고 있다면, 그 사실을 이야기함으로 문제가 더
욱 크게 부각될까 봐 두려울 것이다.

또한 다른 크리스천들이 어떻게 반응할지에 대한 두려움
도 크다. 친구들이 불편하게 느껴 자신과 거리를 둘 수도 있
고, 목사님이 그런 감정과 유혹을 경험한 본인에게 크게 실
망할지도 모른다고 생각한다. 무엇보다도 동성애 감정을 시
인하는 것은 자기편 사람들을 저버리는 일이라고 여긴다.
이것은 굉장히 외로운 싸움이다. 그런데 다른 사람들이 자
신에게 거부감을 느낄지도 모른다고 생각하면 이 길고 긴
싸움에 대해 침묵하게 되는 것이다.

만일 어떤 크리스천이 성과 관련된 개인적인 이야기를
꺼냈다면 가장 먼저 당신이 할 일은 그 사람에게 감사를

표시하는 것이다. 그 문제를 당신에게 얘기한다는 것은 상대방에게 굉장한 모험이다. 그는 몇 달 동안 고민하다가 그 문제를 털어놓았을 것이다. 속으로 끙끙 앓다가 마침내 당신에게 얘기했다는 것은 사소한 일이 아니다. 당신이 그 고백을 들은 최초의 사람이거나 소수 중에 하나일 수 있다. 누군가 매우 개인적인 문제를 얘기하는 것은 엄청난 신뢰의 표시이다. 이것을 인정하고 그 사람에게 감사해야 한다.

그리고 그 사람에게 심호흡을 할 여유를 주어야 한다. 세상은 여전히 돌아가고 있고, 당신은 거기에 있다고, 별일 없을 거라고 안심시켜주자.

다음에 할 일은 신중하게 경청하는 것이다. SSA의 경험은 매우 다양하다. 민감한 부분, 유혹이나 절망을 촉발시킨 계기, 끌림의 감정을 둘러싼 이슈 등은 사람에 따라 무척 다를 수 있다.

그 사람이 기꺼이 얘기하고 싶어 한다면 어떤 상태인지 물어봐도 좋다. 얼마나 오랫동안 그 사실을 알고 있었는지,

그동안 어떻게 지냈는지, 어떤 이유로 당신에게 털어놓게 되었는지 등등 말이다. 시간이 좀 걸릴 수 있겠지만 상대방이 어떤 입장에 있는지, 그 문제가 어떤 영향을 주는지, 그리고 그 사람이 크리스천으로서 어떤 반응을 보이는지 등을 알게 될 것이다. 때로는 SSA의 경험이 우상숭배나 불안장애처럼 더 심각한 문제의 증상일 수 있다. 또한 그들의 배경에 불행한 가정이 있기도 하다. 물론 그런 감정을 느끼는 데 분명한 동기나 이유가 없을 수도 있다.

조심스럽게 살펴보고 신중하게 경청하면 그 사람에게 필요한 지혜와 조언이 무엇인지 파악하는 데 도움이 될 것이다. SSA 감정과 열심히 씨름하고 온갖 유혹을 뿌리치면서, 그리스도를 신실하게 따르고 그분께 영광을 돌리기 원하는 크리스천들이 있다. 그들에게는 격려와 기도와 함께 가끔씩 이야기를 나눌 수 있는 사람들이 필요하다.

또한 성에 관한 성경의 가르침을 명확하게 모르는 사람들에게는 친절한 지도가 필요할 것이다. 일부 사람들은 SSA 감정 자체를 영적 구제불능의 상태로 여기거나 과거의 죄로 인한 죄책감에 잠식되어 있기도 하다. 이런 경우에는 경험이 많은 크리스천이나 전문적인 사역의 도움을 받아야 할 것이다.

하나님은 동성애를 반대하실까?

초판 1쇄 인쇄 2019년 6월 25일
초판 2쇄 발행 2023년 12월 1일

지은이 샘 올베리
옮긴이 홍병룡
펴낸이 정선숙

펴낸곳 협동조합 아바서원
등록 제 274251-0007344
주소 경기도 고양시 덕양구 삼원로 51 원흥줌하이필드 606호
전화 02-388-7944 **팩스** 02-389-7944
이메일 abbabooks@hanmail.net

 협동조합 아바서원, 2019

ISBN 979-11-85066-90-5 04230

잘못 만들어진 책은 구입한 곳에서 교환해 드립니다.